3ᵉ RÉGIMENT D'INFANTERIE DE MARINE.

EXERCICES

PRATIQUES

DU

SERVICE EN CAMPAGNE.

ROCHEFORT,
IMPRIMERIE CH. THÈZE, 123, PLACE COLBERT.

1875

EXERCICES PRATIQUES

DU

SERVICE EN CAMPAGNE.

CAHIER Nº 1.

Avant-postes. — Service de jour.

(Instruction donnée aux recrues en les faisant assister et coopérer même aux exercices de sûreté exécutés devant eux, principalement par des anciens soldats).

1ᵉʳ Exercice. — 1° Explication du but d'une grand'garde et d'un poste avancé. — Placement des sentinelles et d'un poste avancé. — Sur quoi doit porter particulièrement l'attention des sentinelles. — 2° L'ennemi dirige un détachement sur l'une des sentinelles doubles. — Conduite à tenir par cette sentinelle et par le poste dont elle dépend. — Envoi de quelques hommes pour surveiller l'ennemi qui se retire....

2ᵉ Exercice. — 1° Placement d'une grand'garde et d'un poste avancé. — Placement de deux petits postes à la cosaque : fourniront chacun une sentinelle simple. — Faire comprendre comment la sentinelle doit rester en communication avec le poste dont elle dépend. — 2° Le détachement ennemi se dirige sur l'une des sentinelles. — Conduite à tenir par celle-ci et par le petit poste. — 3° Le détachement ennemi continue son mouvement offensif. — Conduite à tenir par chaque petit poste qui se replie parce qu'il n'est pas en force et par le poste avancé principal qui repousse l'ennemi et rétablit les postes et les sentinelles.

3ᵉ Exercice. — 1° Comme aux deux premiers exercices, mais sur un terrain nouveau. — 2° L'ennemi dirige sur l'une des sentinelles doubles ou sur l'un des petits postes une petite découverte de deux ou trois hommes. — Conduite de la sentinelle. — 3° L'ennemi dirige sur l'autre sentinelle ou l'autre petit poste.

— 4° Ronde ou patrouille intérieure, visitant le cordon de sentinelles. — Conduite des sentinelles. — 5° Découverte de deux ou trois hommes envoyés en avant de la ligne des sentinelles...

4° Exercice. — 1° Etablissement d'un cordon de sentinelles et leur conduite à tenir dans les cas suivants. — 2° Détachement ami et inconnu vient du dehors pour franchir la ligne des avant-postes. — 3° Détachements sortants. — 4° Cavalier français venant du dehors et porteur de nouvelles. — 5° Parlementaire. — 6° Déserteurs ennemis. — 7° Civils voulant franchir la ligne.

CAHIER N° 2.

Avant-postes. — Service de nuit.

(Instruction donnée aux recrues en les faisant assister et coopérer même aux exercices exécutés devant eux, principalement par des anciens soldats).

5° Exercice. — 1° Explication de la différence entre le service de jour et le service de nuit. — Nécessité de veiller sérieusement. — Placement de deux ou trois sentinelles doubles. — Formation d'un poste avancé. — 2° L'ennemi dirige un détachement sur l'une des sentinelles doubles. — Conduite de la sentinelle qui, selon le cas, crie : Halte-là ! qui vive ! fait feu, ou bat en retraite. — Prendre les armes, repousser l'ennemi, et envoyer une reconnaissance de deux ou trois hommes. — Conduite de la sentinelle non attaquée. — Explication et utilité du mot de ralliement. — Rentrée de la patrouille. — Précautions prises par la sentinelle double. — Rapport du chef de patrouille...

6° Exercice. — 1° Dispositions semblables à celles du 5° exercice. — Parcourir la ligne des sentinelles, en étudiant les devoirs de chacune d'elles. — 2° L'ennemi exécute un commencement de surprise sur l'une des sentinelles doubles. — Conduite des deux factionnaires. — A quel moment ils crient : Halte-là ; font feu. — Précautions prises pour observer. — Compte-rendu au poste par l'un d'eux. — Envoi en avant d'une petite patrouille qui rentre et fait son rapport. — 3° L'ennemi exécute une autre surprise sur une autre sentinelle double, mais la pousse plus en avant. — Conduite des factionnaires. — Quand ils crient : Halte-là ! qui vive ! avance au ralliement ! font feu, se replient, reviennent à leur poste. — Compte-rendu au poste avancé. — Conduite de la sentinelle lorsque l'ennemi a trompé sa surveillance. — Envoi en avant d'une petite patrouille qui rentre et fait son rapport. — 4° Faire circuler le long de la ligne des sentinelles, une ronde ou une patrouille composée d'anciens soldats. — Comment elle marche, comment elle est reconnue...

7° Exercice. — 1° Dispositions semblables à celles du 5° exercice. — 2° L'ennemi dirige une petite découverte sur l'une des sentinelles doubles. — Conduite des factionnaires quand ils font feu. — Compte-rendu au poste avancé. — 3° Faire relever les sentinelles doubles. — 4° Espacer davantage les sentinelles doubles, de manière à rendre plus difficile la surveillance de l'intervalle qui les sépare. — Remarques à faire. — 5° L'ennemi dirige une petite découverte sur l'intervalle compris entre les sentinelles doubles. —

6° L'ennemi dirige un détachement sur l'intervalle compris entre deux sentinelles doubles. — 7° Au lieu de sentinelles doubles, faire les mêmes études avec des postes à la cosaque fournissant chacun une sentinelle fixe et un homme en patrouille pour servir de lien...

8° *Exercice*. — 1° Etablir une ligne composée de sentinelles doubles ou de postes à la cosaque avec sentinelles simples. — 2° Un détachement faisant partie de la grand'garde et venant de l'intérieur se présente pour traverser la ligne. — Conduite de la sentinelle. — 3° Un détachement ami mais inconnu se présente pour se porter en dehors de la ligne. — Conduite de la sentinelle et du chef de poste. — 4° Un détachement ami, ayant le mot, vient du dehors et veut traverser la ligne. — Conduite de la sentinelle et du chef de poste. — 5° Un détachement ami, n'appartenant pas à la grand'garde et n'ayant pas le mot, vient du dehors et veut traverser la ligne. — Conduite de la sentinelle, du chef de poste et du chef de détachement. — 6° Arrivée d'un cavalier français porteur de nouvelles importantes. — 8° Arrivée d'un parlementaire. — 9° Arrivée d'un ou de plusieurs civils.

CAHIER N° 3.

1° Réglement sur le service de sûreté pendant la marche.

(Instruction donnée aux recrues en les faisant assister et coopérer beaucoup plus que précédemment aux exercices exécutés avec eux par des anciens soldats).

Ces exercices ont lieu le jour et la nuit.

Se fait de jour ou de nuit. — L'ennemi est représenté par des anciens soldats, les flanqueurs et la pointe d'avant-garde aussi. — Les jeunes soldats regardent...

1er *Exercice*. — Eclaireurs. — 1° Formation d'une petite découverte, d'une embuscade ennemie. — Explication des termes : éclairer, éclaireur. — 2° Formation d'une pointe d'avant-garde. — Explication sur le rôle qu'elle a à jouer. — 3° Formation pour une patrouille de flanc. — 4° Placement du côté de l'ennemi d'une petite découverte sur le chemin suivi par le détachement. — Marche en avant de la colonne et explication sur les précautions à prendre. — 5° Le chef de la pointe vient rendre compte qu'il a vu une découverte. — Instructions données par le commandant. — On s'arrête. — 6° Les flanqueurs signalent par plusieurs coups de fusil la présence de l'ennemi et se retirent. — Le détachement prend des dispositions de combat en faisant rallier l'avant-garde. — L'ennemi se retire et l'on rentre par un chemin différent en marchant en retraite.

2° *Exercice*. — Eclaireurs. — 1° Formation avec les anciens soldats de deux découvertes chargées d'inquiéter la marche. — 2° Formation avec les jeunes soldats d'une pointe d'avant-garde, d'une patrouille de flanc. — Instructions données. — 3° Marche et exécution des conventions faites avec le détachement formant l'ennemi. — 4° Marcher sur des terrains différents et difficiles à tous les points de vue. — Selon le terrain, marcher sans flanqueurs. — 5° Retour en marchant en retraite.

2° Patrouilles et découvertes.

(Instruction donnée aux recrues en les faisant agir elles-mêmes sans le concours des anciens soldats).

Les deux premiers se font de jour ; le troisième de nuit.

1ᵉʳ Exercice. — 1° Un détachement forme un poste avancé, établit un cordon de trois ou quatre sentinelles doubles ou de cinq ou six simples. — 2° Les recrues les plus intelligentes et les plus avancées forment un détachement conduit à deux kilomètres au plus et en face de la ligne. — Il est supposé sur une autre ligne d'avant-postes (ne pas prendre de terrain intermédiaire impraticable). — Explication du rôle des découvertes, des précautions à prendre par le chef et par la troupe. — 3° Chaque découverte est mise en marche guidée par l'instructeur ou un sous-officier qui explique tout en agissant. — L'ennemi pendant ce temps ne bouge pas et se borne à faire circuler des patrouilles le long de la ligne des sentinelles. — 4° La ligne ennemie explorée, les découvertes toujours dirigées rentrent...

2° Exercice. — Même chose que dans l'exercice précédent ; seulement les recrues sont abandonnées à elles-mêmes. — Il n'y a pas de sous-officier pour guider chaque découverte. — Relever souvent les sentinelles. — L'instructeur reçoit les rapports de chaque découverte au point assigné et fait ses observations.

3ᵉ Exercice. — 1° Mêmes dispositions et mêmes mouvements qu'à l'exercice précédent pour le service de nuit. — Ne prendre qu'un kilomètre entre les deux lignes. — 2° Dans les séances suivantes, apprendre à se glisser à travers les lignes des sentinelles pour avoir des nouvelles. — Manière de s'orienter.

CAHIER N° 4.

Exercices de préparation au combat.

(Instructions données aux jeunes soldats qui assistent et coopèrent aux mouvements exécutés par les anciens soldats et qui même, en dernier lieu, exécutent seuls et eux-mêmes...).

1ʳᵉ Leçon. — 1° Choisir pour position un obstacle continu et indiquer un programme. — 2° Un détachement de deux escouades d'anciens soldats envoyé pour représenter l'ennemi. — Un détachement d'une escouade d'anciens soldats et de deux escouades de jeunes s'établit sur la position. — Les jeunes soldats regardent. — 3° Placement de l'escouade d'anciens en tirailleurs sur la position. — 4° Explications données aux jeunes soldats. — 5° L'ennemi se rapproche. — On commence le feu. — 6° Il se replie et s'éloigne. — 7° Les défenseurs se remettent au repos.

Exercices complémentaires. — Prendre une position défensive sur un terrain quelconque, l'obstacle étant non continu. — Le varier. — Les jeunes soldats sont instruits directement par des gradés. (Un pour deux jeunes soldats).

CAHIER N° 5.

(Instruction donnée aux jeunes soldats avec le concours des anciens).

Marche sous les yeux de l'ennemi. — 1° Choix d'un terrain très couvert. — 2° Envoi d'un détachement d'anciens pour occuper une position sous les yeux de laquelle on va marcher. — Formation d'un détachement d'anciens, avec les jeunes soldats, à un ou deux kilomètres. — 3° Explication à ce dernier détachement sur la direction à suivre. — 4° Déployer les recrues en tirailleurs avec un ancien pour les conduire. — 5° Marcher en avant tant que l'on est dérobé. — 6° Le sous-officier commandant l'ennemi vient dire ce qu'il a aperçu pendant la marche. — Observation faite par l'instructeur. — 7° Même manœuvre, les recrues n'étant plus dirigées par des anciens. — 8° Même manœuvre sur un terrain couvert seulement de distance en distance.

Attaque d'une position. — 1° Choix d'une position. — 2° Envoi d'un détachement d'anciens sur la position à défendre. — Envoi d'un détachement d'anciens et de recrues sur le point d'où doit partir l'attaque. — 3° Explications données à ce dernier détachement lorsqu'on sera en marche. — 4° Déploiement en tirailleurs et mise en marche. — 5° La ligne arrêtée à bonne portée pour faire feu. — Une escouade vient, tandis que l'autre gagne rapidement un abri en avant, et successivement. — 6° L'ennemi cesse le feu et se retire. — L'assaillant occupe la position et prend des postes de combat. — 7° Explications.

Manière de battre en retraite. — 1° Formation d'un détachement plus considérable d'anciens et représentant l'ennemi. — Les jeunes soldats sans anciens pour modèle, établis sur une position peu favorable pour la défense. 2° Explications sur la marche en retraite. — 3° L'ennemi attaque vigoureusement; les défenseurs commencent à battre en retraite: une escouade accélère son feu, tandis que l'autre se porte rapidement en arrière ; la première se replie après et ainsi de suite. — 4° Evacuer la position, toute la ligne en même temps, quelques hommes protégeant la retraite par un feu rapide et rentrant dès que la ligne est établie en arrière. — 5° Quelques tirailleurs vont au pas de course s'établir en arrière pour protéger la retraite sur la deuxième position, et successivement. — 6° Evacuer une position qui a été attaquée en vain.

CAHIER N° 6.

Grand'gardes et marches.

(Exercices ayant surtout pour but l'instruction des cadres. — Les soldats composant la compagnie ont déjà exécuté toute la série des exercices contenus dans les cinq premiers cahiers).

Grand'gardes. — 1° Choix d'un terrain pour l'établissement d'une grand'garde et de deux ou trois petits postes que l'officier commandant l'ennemi visite avant de prendre lui-même position. — 2° La compagnie commandée par le lieutenant vient occuper cette position ; le capitaine, avec les cadres, se porte dans un endroit favorable pour lui donner des explications, sur ce qu'ils voient. — 3° Il leur fait ensuite visiter les petits postes et les sentinelles. — 4° Un des petits postes est attaqué par l'ennemi. — Il se replie. — Envoi d'un soutien par la grand'garde. — L'ennemi se retire et on le fait surveiller par une patrouille. — On réoccupe les postes abandonnés. — 5° L'ennemi attaque tous les petits postes en même temps. — 6° Même exercice en employant les cadres au lieu de les laisser spectateurs. — 7° Varier les terrains.

Marches. — 1er Exercice. — 1° Choix d'un terrain pour l'ennemi qui part une heure avant. — 2° La compagnie se met en marche, le capitaine donne des explications. — Formation d'une avant-garde, de flanqueurs composés chacun d'une escouade. — Quelques hommes forment l'arrière-garde. — On forme aussi pointe d'avant-garde et patrouille de flanc. — Explications sur le lien à exister entre ces différents groupes et la colonne. — 3° Après une marche de deux kilomètres, le capitaine se porte à l'avant-garde avec les cadres. — On reprend la marche. — Il donne des explications sur les précautions prises par l'avant-garde et la pointe d'avant-garde. — 4° Un détachement ennemi est signalé par la pointe d'avant-garde. — L'avant-garde continue à marcher et prend ensuite des dispositions de combat. — Explications données aux cadres. — L'ennemi disparaît. — 5° On entend des coups de feu. — Le commandant de l'avant-garde va reconnaître et agit selon les instructions. — Explications aux cadres. — L'ennemi se retire. — 6° Les cadres sont conduits par des flanqueurs. — Un détachement ennemi est découvert par les flanqueurs. — Le commandant de l'escouade écoute le rapport du flanqueur qui l'a signalé et envoie prévenir le commandant de la colonne. — 7° On rencontre plus loin de petits postes ennemis plus forts. — On échange des coups de feu et le commandant de l'escouade des flanqueurs se porte en avant pour reconnaître. — Explications. — 8° Marche sans flanqueurs. — 9° Halte. — 10° Marche en retraite. — 11° Mêmes exercices sur d'autres routes.

Marches. — 2e Exercice. — 1° Choix d'une route dont les environs sont impraticables aux flanqueurs, mais coupée par des chemins. — Le capitaine marche, à l'avant-garde avec les cadres. — Formation d'une escouade de flanqueurs chargée de reconnaître successivement les routes. — 2° Explication aux cadres sur le rôle des flanqueurs qui fouillent chaque route à 500 mètres au moins et jamais inutilement. — 3° Interroger les paysans à la vue d'un village. — L'entrée du village atteinte, le commandant de l'avant-garde envoie deux patrouilles en faire le tour et rejoindre la pointe qui l'a traversé. — Dans le village, on fait monter sur le clocher et garder la poste aux lettres. — 4° Relèvement de l'escouade de flanqueurs fatiguée et arrêter la colonne. — 5° Explications sur la position de chaque patrouille, lorsque la colonne se remet en marche. — 6° La patrouille de découverte et un petit poste ennemi se rencontrent. — On observe et on rend compte. — 7° Exercice sur un terrain praticable aux flanqueurs. — Exercice sur une route traversant un bois.

CAHIER N° 7

Instruction des sous-officiers.

1° Reconnaissance des postes ennemis. — Les cadres et une ou deux escouades restent avec le capitaine. — La compagnie est commandée par le sous-lieutenant et va à 5 ou 6 kilomètres établir une grand'garde. — Pendant ce temps, pour s'occuper, on fouille une ferme, une maison, un ravin, un petit bois. — Après une heure et demie, le chef de détachement part pour reconnaître l'ennemi et le capitaine suit avec les cadres. — Le détachement s'éclaire en marchant. — Les éclaireurs signalent l'ennemi. — Le chef de détachement va reconnaître et prend ses dispositions qui ont pour but de forcer l'ennemi à se démasquer. — Le commandant du détachement se retire et la retraite continue sous sa direction. — On revient au point de départ. — Varier le terrain. — Dans les séances suivantes, on rencontre des patrouilles ennemies pendant la reconnaissance — Les patrouilles marchent dans la direction de la reconnaissance ou parallèlement. — On suppose qu'elles ne l'aperçoivent pas. — La patrouille ennemie rentre sans se douter de rien. — 1/2 heure après, le détachement attaque les avant-postes non sur leurs gardes, force l'ennemi à se démasquer et revient au point de départ. — Explications.

2° Occupation d'un point isolé. — On donne un programme d'avance et mêmes dispositions. — Les cadres suivent le détachement chargé de l'attaque.

3° Reconnaissance d'un bois, d'un village, etc.

4° Garde ou surveillance d'un pont, d'un défilé, etc.

ÉCOLE DU SOLDAT

—

Les exercices pratiques du service en campagne commencent pour les jeunes soldats dès qu'ils connaissent la plus grande partie du titre 2° du réglement sur les manœuvres d'infanterie.

Ces exercices se font dans la campagne, sur un terrain convenable, satisfaisant aux conditions qui se présentent habituellement à la guerre. Ils ne doivent pas toujours avoir lieu sur le même terrain ; on doit, au contraire, en faire varier la nature autant que possible.

Ce terrain est reconnu d'avance par l'officier chargé de l'instruction, accompagné du gradé qui doit commander le détachement représentant l'ennemi.

On fait toujours représenter l'ennemi par un nombre de soldats instruits (ou anciens soldats) suffisant pour se rapprocher le plus possible de la réalité, selon l'opération à exécuter. Ces hommes doivent être facilement reconnaissables par une différence très apparente dans leur tenue. Celui qui les commande doit recevoir préalablement des instructions détaillées sur la conduite à tenir pendant l'exercice. Il maintient les hommes de son détachement soigneusement dérobés à la vue, à une distance assez considérable, et ne les montre qu'au moment voulu, en procédant absolument comme en campagne. Cet exercice sert ainsi à compléter l'instruction des anciens soldats.

Chaque exercice est répété un certain nombre de fois selon son degré d'importance. Lorsqu'un exercice est enseigné pour la première fois, les jeunes soldats sont simples spectateurs ou auditeurs, mais on doit leur donner un rôle actif dans les séances suivantes où on répète ce qui a été déjà enseigné.

Dans cette méthode d'instruction, on présente successivement à l'esprit et aux sens du jeune soldat la série des faits matériels tels qu'ils se produisent à la guerre. On fait peu de théorie, surtout dans les commencements ; c'est-à-dire que l'on se borne à l'explication des faits se rattachant à l'exercice du jour, et au terrain qu'on occupe. On se rapproche autant que possible de la réalité des situations et des conditions de la guerre véritable, en ne faisant des suppositions que lorsqu'on ne peut pas faire autrement.

Il est bien entendu que les dispositions prises dans les exercices n'ont rien d'absolu et sont susceptibles de se prêter à des modifications avantageuses.

Lorsque les sentinelles et les éclaireurs ont à signaler la présence de l'ennemi en faisant feu, ils doivent faire usage, autant que possible, de cartouches à poudre.

1er EXERCICE

Avant-postes. — Service de jour.

1° Réunion de 12 à 20 jeunes soldats (une ou deux escouades), sous la direction d'un officier, assisté de deux ou trois sous-officiers et caporaux. Adjonction d'un nombre à peu près égal de soldats instruits (anciens soldats), dont la moitié est destinée à représenter l'ennemi et l'autre moitié à servir d'exemple aux jeunes soldats.

2° Amener le détachement composé des jeunes soldats et de la moitié des anciens sur un point reconnu favorable à l'emplacement d'un poste avancé, dépendant d'une grand'garde. Là, expliquer brièvement aux jeunes soldats, sans fatiguer leur attention par des considérations théoriques, le but et le rôle de la grand'garde, de ses postes avancés et de son cordon de sentinelles simples ou doubles.

3° Envoyer le sergent ou un caporal placer à quelques centaines de mètres en avant, un certain nombre de sentinelles simples ou doubles, deux sentinelles doubles par exemple. (Les sentinelles étant les yeux du poste doivent toujours pouvoir communiquer avec lui sans cesser d'observer. Il s'en suit : 1° Que la sentinelle simple est suffisante, lorsque la distance et la nature du terrain lui permettent de communiquer facilement avec le poste, de la voix et du geste. 2° Qu'il faut faire usage des sentinelles doubles, dès que les moyens de communiquer deviennent difficiles ou impossibles et particulièrement la nuit. 3° Qu'un petit poste de 4 hommes fournissant une sentinelle simple est nécessaire, lorsque le point d'observation se trouve éloigné et sur un terrain difficile). Ce sergent prend avec lui 6 anciens soldats, se porte avec précaution et en fouillant le terrain, sur l'emplacement que doivent occuper les sentinelles, les place, et rentre au poste avec deux hommes.

4° Faire former les faisceaux, placer un ancien soldat en faction devant les armes, et emmener les recrues comme spectateurs près des factionnaires pour leur expliquer les dispositions prises et les consignes données.

5° Les précautions sont prises comme en présence de l'ennemi : les consignes données sont simples et à la portée des jeunes soldats. On leur fait remarquer la direction de l'ennemi, les chemins par lesquels il peut venir, l'emplacement des sentinelles, et l'obligation qui leur est imposée de voir tout ce qui se passe en avant et autour d'elles, sans se montrer à l'ennemi si c'est possible.

6° L'ennemi dirige un détachement sur l'une des sentinelles doubles. L'officier montre alors aux jeunes soldats la conduite de cette sentinelle double : il leur fait voir comment l'un des deux hommes en faction signale la présence de l'ennemi par un coup de feu. (Dans le cas où l'ennemi serait aperçu de loin, ou ne paraîtrait pas se diriger sur le poste, l'un des deux hommes composant la sentinelle double se détacherait vivement pour prévenir le poste, sans qu'il fût nécessaire de faire feu, et va au pas de course rendre compte au chef de poste). Comment l'autre factionnaire reste pour continuer à observer l'ennemi, et de quelle manière il bat en retraite sur le poste, en tirant plusieurs coups de feu sur l'ennemi qui le serre de près.

7° Les recrues ayant bien compris ces explications, les ramener rapidement à l'emplacement du poste, leur faire prendre les armes et se porter au secours de la sentinelle menacée, en se faisant précéder de quelques anciens soldats en tirailleurs. — L'ennemi repoussé renonce à l'attaque et se retire.

8° Envoyer une patrouille de 2 ou 3 anciens soldats sur la trace de l'ennemi, pour l'observer pendant quelque temps dans sa retraite et replacer les sentinelles dans leurs anciennes positions.

9° Dans les séances consacrées à la répétition de cet exercice, on n'emploiera que le nombre d'anciens soldats nécessaire pour représenter l'ennemi. Cette observation s'applique également aux autres exercices.

2ᵉ EXERCICE

Avant-postes. — Service de jour.

Réunion de 12 à 20 jeunes soldats (une ou deux escouades) sous la direction d'un officier et de deux ou trois sous-officiers ou caporaux. Adjonction d'environ 20 anciens soldats pour représenter l'ennemi et servir de modèle.

Amener le détachement composé de jeunes soldats et de la moitié des anciens sur un point reconnu avantageux pour l'emplacement d'une grand'garde ou d'un poste détaché. — Expliquer aux jeunes soldats le rôle de ce poste ou de cette grand'garde, et les mesures de sécurité à prendre.

Envoyer à une distance un peu considérable en avant, deux petits postes avancés de 4 anciens soldats, qui seront commandés l'un par un caporal, l'autre par un soldat. Ces deux petits postes, distants l'un de l'autre de plusieurs centaines de mètres, seront placés en un point favorable, reconnu d'avance (près d'une route, d'un croisement de chemin, derrière un bouquet de bois, etc.); et, dissimulés à la vue de l'ennemi, chacun d'eux fournira une sentinelle simple, avantageusement placée pour bien voir le terrain situé en avant, sans être aperçue de l'ennemi, si c'est possible.

Faire former les faisceaux, placer un ancien soldat devant les armes et amener les recrues auprès de chacun des petits postes pour leur expliquer les dispositions prises et les consignes données. Leur faire voir comment la sentinelle est en communication directe et constante avec le petit poste et l'avertit de tout ce qui peut l'intéresser. Comment ce petit poste est dans l'obligation d'être alerte.

Le détachement ennemi se dirige sur l'un des deux petits postes avancés. — L'instructeur fait alors remarquer comment la sentinelle aperçoit l'ennemi de loin et prévient immédiatement le poste de son approche. Comment le chef du petit poste envoie un homme prévenir au pas de course le grand poste, tandis qu'il porte les autres en tirailleurs, dans les positions de combat désignées d'avance, et comment, de ces positions, le petit poste ouvre le feu sur l'ennemi dès que celui-ci est arrivé à une bonne portée, c'est-à-dire à une distance qui doit avoir été mesurée, ou bien appréciée d'avance.

Le détachement ennemi continue son mouvement offensif. — L'instructeur rapproche les recrues des faisceaux et leur fait voir comment le petit poste attaqué, n'étant pas en force pour arrêter l'ennemi, est forcé de battre en retraite, en combattant, et se replie non point directement mais en dégageant le terrain situé en avant du grand poste ; comment aussi l'autre petit poste, dont le feu n'a pu protéger que peu ou point le petit poste attaqué, est également obligé de battre en retraite, lorsqu'il voit ses communications menacées par le mouvement offensif de l'ennemi.

Faire prendre rapidement les armes aux recrues, repousser l'ennemi en se faisant précéder de tirailleurs, replacer les deux petits postes et envoyer sur la trace de l'ennemi une petite découverte de deux ou trois hommes pour l'observer dans sa retraite.

3ᵉ EXERCICE

Avant-postes. — Service de jour

Procéder comme dans le premier ou dans le second exercice, mais en se transportant autant que possible sur un nouveau terrain.

L'ennemi dirige, sur des sentinelles doubles ou sur un des petits postes, une petite découverte de 2 ou 3 hommes. — Faire voir aux jeunes soldats la conduite de la sentinelle lorsqu'elle aperçoit l'ennemi. — Si c'est une sentinelle double, l'un des deux hommes fait feu sur la découverte : celle-ci se retire ; et, lorsqu'elle a disparu, l'un des deux hommes en rend compte au poste ; si c'est une sentinelle simple, elle fait feu, si l'ennemi est à une bonne portée ou si elle croit avoir été vue, sinon elle prévient le chef du petit poste qui lui donne des ordres en ayant toujours soin d'envoyer un homme pour avertir le poste dont il dépend.

L'ennemi dirige ensuite une attaque sur l'autre sentinelle double ou sur l'autre petit poste. — La sentinelle double ou le petit poste attaqué se conforme à ce qui a été prescrit dans le premier ou dans le second exercice.

L'instructeur fait en outre remarquer aux jeunes soldats la conduite de l'autre sentinelle double et de l'autre petit poste qui, bien que n'étant pas attaqué directement, peut cependant se trouver dans la nécessité de se replier lorsqu'il voit ses communications menacées par le mouvement offensif de l'ennemi.

Dans le cas où le poste se garderait par un cordon de sentinelles simples, celles-ci pouvant communiquer avec leur poste du geste ou de la voix, procéderaient comme la sentinelle simple d'un petit poste avancé.

Faire circuler le long de la ligne des sentinelles une ronde ou une patrouille intérieure composée d'anciens soldats — et faire voir aux jeunes soldats comment, pendant le jour, la sentinelle doit laisser passer sans aucune formalité une patrouille connue et appartenant à sa propre grand'garde. Envoyer en avant de la ligne des sentinelles, une petite découverte de 2 ou 3 anciens soldats, et, à son retour, faire voir aux jeunes soldats la conduite des sentinelles vis-à-vis des hommes de cette patrouille qu'elles reconnaissent facilement comme appartenant à la grand'garde, et qu'elles laissent passer sans formalité.

4e EXERCICE

Avant-postes. — Service de jour.

Etablir un cordon de sentinelles simples ou doubles comme dans les exercices précédents, pour faire voir aux jeunes soldats la conduite à tenir par les factionnaires dans les cas autres que ceux qui ont été précédemment mentionnés.

Un détachement ami, mais inconnu de la grand'garde, venant du dehors, pour franchir la ligne des avant-postes. — L'instructeur fait remarquer la conduite de la sentinelle qui ne laisse pénétrer le détachement qu'après avoir averti le poste, lequel envoie une patrouille pour reconnaître.

Un détachement ami, mais inconnu de la grand'garde, se présente pour sortir de la ligne des avant-postes. — L'Instructeur fait remarquer aux jeunes soldats que la sentinelle arrête le détachement jusqu'à ce que le chef de poste lui ait permis de le laisser passer.

Arrivée d'un cavalier français venant du dehors ou de l'intérieur de la ligne des sentinelles, se disant porteur de nouvelles pressantes, ou d'ordres pour la cavalerie située en avant. — Arrivée d'un parlementaire ennemi. — L'instructeur fait remarquer comment la sentinelle reconnaît qu'elle a affaire à un parlementaire et comment elle le reçoit.

Arrivée d'un ou de plusieurs déserteurs ennemis. — L'instructeur fait remarquer que les sentinelles leur font toujours déposer leur armes ; que, lorsqu'il n'en arrive qu'un devant une sentinelle double, l'un des deux factionnaires emmène le déserteur au poste ; que, quand il y en a plusieurs, l'un des deux factionnaires les maintient à quelque distance, en prenant les précautions nécessaires contre une surprise, tandis que son camarade va avertir le poste.

Arrivée d'une ou de plusieurs personnes civiles cherchant à franchir la ligne des avant-postes, soit dans un sens, soit dans l'autre. — L'instructeur attire en particulier l'attention des jeunes soldats sur la conduite prudente que doit tenir la sentinelle dans le cas où plusieurs personnes venant du côté de l'ennemi se présentent à la fois, surtout quand ces personnes peuvent paraître suspectes.

L'instructeur pourra faire intervenir également tous les autres cas qui se présentent plus ou moins rarement à la guerre, en ayant soin de ne faire que des suppositions vraisemblables.

Avant-postes. — Service de nuit.

Le choix du terrain pour les exercices de nuit, surtout pour les premiers, importe moins que pour les exercices de jour ; mais il est nécessaire que l'organisation de l'exercice soit réglée d'avance avec soin, et qu'au moment de la reconnaissance du terrain, l'instructeur ait donné ses instructions détaillées au sous-officier chargé de commander l'ennemi, en lui précisant bien la nature des petites opérations à exécuter ainsi que le point et le moment où elles devront avoir lieu. La durée des séances, dans le commencement, ne doit pas excéder 3 ou 4 heures. Les sentinelles sont moins éloignées du poste et moins séparées entre elles que pendant le jour.

5e EXERCICE

Avant-postes. — Service de nuit.

Procéder comme dans les exercices de jour et partir assez à temps pour arriver sur le terrain avant la nuit.

Conduire le détachement, composé de jeunes soldats et de la moitié des anciens, sur un point convenable pour l'emplacement de nuit d'un poste avancé. Expliquer sommairement aux jeunes soldats les principales différences entre le service de jour, où la vigilance repose surtout sur la vue, et le service de nuit où l'ouïe joue le principal rôle; leur faire comprendre la nécessité d'une méfiance extrême à l'égard de toute approche, pendant la nuit.

Envoyer, avant la nuit close, le sergent ou un caporal placer en avant un cordon de deux ou trois sentinelles doubles (anciens soldats), en prenant les mesures de précaution nécessaires pour se mettre à l'abri d'une surprise pendant ce placement.

Faire former les faisceaux, placer un ancien en faction devant les armes et amener les recrues comme spectateurs (ou plutôt comme auditeurs) près des sentinelles, pour leur expliquer les dispositions prises et les consignes données.

L'instructeur fait alors comprendre aux recrues que la vigilance du factionnaire doit être nécessairement plus grande la nuit que le jour, puisqu'une surprise de la part de l'ennemi peut être beaucoup plus à redouter qu'un manque d'attention ou de prudence; une omission, une méprise, peuvent avoir des conséquences funestes pour la sentinelle elle-même et pour les troupes qu'elle est chargée de protéger; qu'il est plus facile de se dissimuler que pendant le jour, mais aussi qu'il est plus nécessaire de s'abstenir de tout bruit, de fumer, de parler, de tousser, etc. Il leur explique combien il importe que le factionnaire ne cesse de prêter une oreille attentive pour entendre le moindre bruit qui peut lui parvenir et chercher d'en démêler la cause; comment il se baisse souvent pour mieux écouter ou s'efforcer de voir en avant et sur les côtés.

L'ennemi dirige un détachement sur l'une des sentinelles doubles. — L'instructeur reconnaît d'avance la sentinelle qui sera attaquée, amène les jeunes soldats dans son voisinage pour qu'ils puissent se rendre un compte exact de ce qui va se passer. Là, il leur fait remarquer d'abord les précautions prises par les deux factionnaires pour se garder contre toute attaque à l'improviste; comment le premier, qui croit avoir entendu du bruit, ou discerné quelque chose de suspect, avertit sans bruit et avec précaution son camarade de se tenir sur ses gardes; comment le bruit des pas de l'ennemi devenant plus distinct et dénotant son approche, les deux hommes redoublent de vigilance et se préparent à le recevoir. Il montre ensuite comment l'un des deux factionnaires crie: *Halte-là!* lorsque l'intensité du bruit permet de croire que ceux qui le causent sont à portée de sa voix; comment ce même factionnaire répète le cri: *Halte-là!* si le bruit ne cesse point, et fait feu si l'on continue d'avancer, ou bien crie: *Qui vive!* si le bruit a paru cesser, et fait feu s'il ne reçoit pas de réponse; comment à ce premier coup de feu, qui est un avertissement pour le poste, les deux hommes se rapprochent et s'apprêtent à tirer si l'ennemi continue son mouvement offensif; comment ils font feu l'un et l'autre lorsqu'il ne leur est plus permis de douter qu'ils ont affaire à l'ennemi; comment enfin, l'ennemi les serrant de près, ils battent en retraite en faisant feu, sans se replier directement sur le poste, où ils amèneraient l'ennemi à leur suite.

Conduire rapidement les jeunes soldats aux faisceaux, leur faire prendre les armes et repousser l'ennemi des anciennes positions; envoyer en avant de la ligne des sentinelles une petite patrouille de reconnaissance composée de 2 ou 3 anciens soldats, pour s'assurer que la retraite de l'ennemi n'est pas une feinte.

L'instructeur peut faire voir en outre aux jeunes soldats la conduite tenue par l'une des sentinelles doubles, voisines de la sentinelle attaquée, et leur faire remarquer que cette sentinelle, bien que n'étant pas directement attaquée, a pu se trouver dans la nécessité de battre en retraite, si elle s'est aperçue que l'ennemi l'a tournée.

Ramener les jeunes soldats au poste et leur faire former les faisceaux. L'instructeur leur explique alors ce que c'est que le mot de *ralliement;* comment il est nécessaire pour éviter les méprises et se garantir des surprises; puis il les amène à hauteur de la ligne des sentinelles, sur le chemin que doit suivre la patrouille de reconnaissance à son retour.

La patrouille rentre. — L'instructeur fait remarquer aux jeunes soldats la conduite de la sentinelle double sur laquelle la patrouille se dirige; comment les deux hommes prennent des précautions dès qu'ils entendent le bruit causé par le retour de la patrouille ou dès qu'ils l'aperçoivent; comment la patrouille s'arrête au cri de : *Halte-là !* ; comment son chef répond au : *Qui vive ?* puis s'avance seul, lorsqu'il en reçoit l'ordre, pour venir donner le mot de ralliement; comment alors les deux factionnaires sont en garde contre toute surprise, pendant que l'un d'eux reçoit le mot et jusqu'à ce que la patrouille soit reconnue; comment, enfin, après cette reconnaissance, il laisse la patrouille se diriger vers le poste, sans autre formalité.

Ramener les jeunes soldats au poste et leur faire entendre le rapport du chef de patrouille.

6e EXERCICE

Avant-postes. — Service de nuit.

Mêmes dispositions que dans l'exercice précédent. — Faire former les faisceaux; placer un ancien soldat en faction devant les armes et parcourir avec le détachement la ligne des sentinelles; s'arrêter auprès de chaque factionnaire et faire voir aux jeunes soldats comment ce factionnaire est avantageusement posté pour surveiller les points qu'il importe d'observer, et est convenablement dissimulé à l'ennemi ; rectifier sa position en le déplaçant au besoin ; faire répéter à chacun sa consigne, en la complétant ou la modifiant si c'est nécessaire; expliquer cette consigne ou la faire expliquer par le factionnaire lui-même, en lui adressant les questions nécessaires; faire ressortir les devoirs généraux qu'impose la surveillance de nuit, en tenant compte de la nature du temps et du genre de terrain qu'on occupe.

L'ennemi exécute un commencement de surprise sur l'une des sentinelles doubles.—L'instructeur amène le détachement en arrière et près de la sentinelle double sur laquelle il prescrit de diriger la surprise. Là, il fait remarquer la conduite des deux factionnaires. — Dès que l'un d'eux croit avoir remarqué quelque chose de suspect, il en prévient son camarade par un signal convenu. L'ennemi procédant par ruse, s'avance avec précaution pour ne pas donner l'éveil, quelques hommes choisis le précèdent sans bruit, en profitant de tous les obstacles de terrain, et en rampant au besoin pour se dissimuler ; de sorte qu'au lieu de bruit continu et croissant qui révèle d'assez loin l'approche de l'attaque de vive force, il peut se faire que la présence de l'ennemi ne commence à être soupçonnée du factionnaire, que lorsque ses tirailleurs seront déjà assez près de lui. Il peut en outre s'écouler un temps assez long entre le premier et faible indice qui aura éveillé les soupçons du factionnaire et le moment où il aura acquis la certitude qu'il se passe quelque chose d'inaccoutumé dans son voisinage, car l'ennemi qui ruse aura pu s'arrêter pour suspendre son mouvement, jusqu'à ce qu'il juge le moment favorable pour tromper la vigilance des sentinelles. La tâche des factionnaires est donc difficile, et il importe au plus haut point que leur attention ne faiblisse pas. Dès que l'un d'eux a sûrement entendu ou vu quelque chose de suspect dans son voisinage, il crie : *Halte-là !* ; ne recevant pas de réponse, il répète son cri ; comme il n'est pas répondu à la deuxième interpellation, le factionnaire fait feu, et les deux hommes se rapprochent prêts à tirer sur l'ennemi, dès qu'il avancera et leur révèlera bien sa présence.

L'ennemi se voyant découvert, se retire conformément aux instructions qu'il a reçues, en employant dans sa retraite les mêmes précautions que dans son mouvement en avant. Les deux factionnaires ayant toujours à redouter une attaque à l'improviste, restent quelque temps dans la même situation, et lorsqu'ils sont bien convaincus que le péril s'est éloigné, l'un d'eux se détache pour aller rendre compte au poste de ce qui s'est passé.

Ramener les recrues au poste, leur faire prendre les armes et leur faire entendre le rapport du factionnaire qui a donné l'alarme par un coup de feu. Envoyer en avant une petite patrouille de reconnaissance, composée d'anciens soldats, pour s'assurer que l'ennemi s'est retiré.

La patrouille rentre et fait son rapport.

L'ennemi dirige une surprise sur une autre sentinelle double. — L'instructeur amène les recrues près de cette sentinelle, comme dans le cas de la tentative précédente, pour les rendre témoins de faits analogues, avec cette différence que, d'après ses instructions, l'ennemi pousse plus loin sa tentative et s'efforce même de la mener à bonne fin en essayant d'enlever l'un des factionnaires ou tous les deux. Lorsque son approche est découverte et que l'un des deux factionnaires a crié : *Halte-là !* un ennemi entreprenant et rusé ne se tient pas pour battu : le gros du détachement s'arrête et le bruit cesse, mais ses tirailleurs qui le précèdent continuent leur mouvement en se dissimulant de leur mieux, pour arriver à hauteur ou derrière la sentinelle.

Le factionnaire crie : *Qui vive ?* et l'ennemi lui fait une réponse plus ou moins adroite (Ami, France, Patrouille, tel régiment, etc.), le factionnaire crie alors : *Avance au ralliement.* C'est le moment critique où les deux factionnaires doivent avoir l'œil et l'oreille ouverts, non-seulement sur le chef de la troupe pour s'assurer qu'il s'avance bien seul, que ses allures ou son langage n'ont rien d'équivoque, mais aussi pour découvrir tout ce qui peut paraître suspect aux alentours. Les tirailleurs ennemis jugent le moment favorable pour s'élancer sur les factionnaires et tâcher de les enlever ; ceux-ci font feu et battent en retraite en combattant comme dans le cas de l'attaque de vive force. L'ennemi fait mine de les poursuivre, puis voyant sa tentative déjouée, se retire comme il est venu. Dès que les deux hommes voient que l'ennemi renonce à les poursuivre, ils mettent fin à leur mouvement de retraite, restent un moment en observation, puis reprennent leurs anciennes positions ;

lorsqu'ils jugent que tout est rentré dans l'ordre comme auparavant, l'un d'eux se détache pour aller rendre compte s'il n'est pas encore arrivé de patrouille envoyée par le chef de poste. Lorsque le cas se présente où l'ennemi parvient à tromper la vigilance de la sentinelle double et où celle-ci s'est laissée prendre ou cerner, l'instructeur fait remarquer aux jeunes soldats qu'il n'est pour le factionnaire qu'un seul moyen de réparer sa faute et d'échapper au déshonneur : c'est de tirer et de pousser des cris, dans quelque situation qu'il se trouve, afin d'avertir son poste du danger qui le menace.

Ramener les jeunes soldats au poste, dès que les factionnaires commencent à battre en retraite et leur faire prendre les armes. Envoyer une patrouille de reconnaissance, composée d'anciens soldats, pour se rendre compte de l'alerte, avec mission de fouiller le terrain en avant et de s'assurer que l'ennemi s'est bien retiré.

La patrouille rentre au poste et fait son rapport.

Faire circuler le long de la ligne des sentinelles une ronde ou une patrouille composée d'anciens soldats. — Suivre de près cette patrouille intérieure pour faire voir aux jeunes soldats comment elle procède dans sa marche et comment elle est reconnue ; comment le factionnaire, au lieu de crier : *Halte-là !* peut se borner à faire un petit signal convenu à l'avance, lequel est répété par le chef de patrouille ; comment ce dernier s'avance seul près du factionnaire ; comment celui-ci ayant reconnu la patrouille appartenant à sa grand'garde laisse passer sans formalité, après avoir rendu compte de ce qu'il a observé.

7e EXERCICE

Avant-postes. — Service de nuit.

Mêmes dispositions que dans l'exercice précédent.

L'ennemi dirige une petite découverte sur l'une des sentinelles doubles. — L'instructeur amène les jeunes soldats dans le voisinage de la sentinelle double, sur laquelle il a prescrit de diriger une découverte, pour leur faire voir que les factionnaires se comportent comme dans le cas de la tentative de surprise. Dès que l'attention de l'un des deux factionnaires est attirée par quelque chose de particulier, il en prévient son camarade ; lorsque l'un d'eux a sûrement vu ou entendu quelque chose de suspect dans son voisinage, il interpelle deux fois et comme il ne reçoit pas de réponse, il fait feu. La découverte se retire. Les deux factionnaires qui se sont rapprochés observent quelque temps, avec le plus grand soin, et lorsqu'ils ne discernent plus rien, l'un d'eux se détache et va rendre compte au poste pourquoi il a tiré.

Ramener les jeunes soldats derrière les faisceaux et leur faire entendre le rapport de l'homme qui a fait feu.

Faire relever les sentinelles doubles. — L'instructeur, accompagné des jeunes soldats, suit de près l'opération et leur fait voir comment il est procédé, comme dans le cas d'une patrouille intérieure.

Espacer davantage les sentinelles doubles, de manière à rendre plus difficile la surveillance de l'intervalle qui les sépare. — L'instructeur amène les jeunes soldats près de la ligne des sentinelles doubles et retire, par exemple, celle du milieu, s'il en a placé trois. Il explique alors qu'il se présente bien des cas en campagne où l'étendue de l'espace à garder par un poste avancé est telle, que l'effectif ne permet pas, la nuit surtout, de former des sentinelles doubles, assez rapprochées les unes des autres, pour pouvoir communiquer assez facilement entre elles, sans se déplacer ; qu'en pareille circonstance, pour ne pas épuiser par des patrouilles continuelles les hommes qui ne sont pas en faction, il faut que les intervalles par lesquels l'ennemi pourrait se glisser sans être aperçu, soient constamment surveillés au moyen de patrouilles faites par les factionnaires eux-mêmes, de manière à établir des communications fréquentes entre chaque sentinelle double et les sentinelles voisines. L'instructeur fait ensuite exécuter ce genre de patrouilles en suivant d'assez près l'opération, pour faire voir aux jeunes soldats comment un homme de la sentinelle double restant en position, son camarade se dirige avec précaution où était la sentinelle double voisine, en s'arrêtant tous les dix ou quinze pas et dès qu'il croit avoir discerné quelque chose ; en cherchant à se rendre compte de tout ce qui peut attirer son attention, surtout du côté de l'ennemi ; combien il est important que ce factionnaire suive un itinéraire convenu d'avance avec la sentinelle voisine et reconnu de jour, et combien il est avantageux que cet itinéraire longe un chemin, un sentier, une clôture, un changement de culture, une ligne d'arbres, un sillon ; comment ce factionnaire en patrouille, rencontrant l'un des factionnaires de la sentinelle double voisine, qui a opéré de la même manière, ces deux hommes se reconnaissent sans bruit, au moyen du signal convenu d'avance et communiquent entre eux ; comment chacun regagne son poste de départ comme il était venu et rejoint son camarade ; comment ce dernier part à son tour dans la direction opposée, puisque dans le cas actuel il n'y a que deux sentinelles doubles.

Lorsque la nuit est sombre et l'intervalle à surveiller un peu considérable, l'instructeur fait remarquer aux jeunes soldats qu'il est indispensable d'avoir étudié le terrain pendant le jour, et que si la sentinelle en patrouille ne suit pas un chemin, fossé, sentier, sillon ou quelque obstacle pour se diriger, elle court le plus grand risque de s'égarer et d'occasionner des méprises ; qu'il convient mieux alors, que le factionnaire ne s'éloigne que peu de son camarade ; dès qu'il entend quelque bruit, il en prévient son camarade et s'avance avec précaution pour en savoir la cause.

L'ennemi dirige une petite découverte sur l'intervalle compris entre les sentinelles doubles. — Faire remarquer aux jeunes soldats comment le factionnaire en patrouille interpelle et fait feu, comme s'il était à poste fixe ; comment, dès que la découverte s'est retirée et qu'il n'entend plus rien, il va prévenir son camarade de ce qui s'est passé, puis rendre compte au chef de poste.

L'ennemi dirige un détachement sur l'intervalle compris entre deux sentinelles doubles. — Le factionnaire se comporte comme s'il était à poste fixe, fait feu une fois d'abord, puis plusieurs fois en se repliant sur le poste.

Au lieu d'employer des sentinelles doubles, on peut faire le même exercice avec des petits postes détachés, fournissant chacun une sentinelle simple à poste fixe et un homme en patrouille pour établir des communications fréquentes avec les petits postes voisins.

8e EXERCICE

Avant-postes. — Service de nuit.

Mêmes dispositions que dans l'exercice précédent. La ligne d'avant-postes sera composée de deux sentinelles doubles ou de petits postes avec sentinelles simples.

Un détachement faisant partie de la grand'garde, venant de l'intérieur, se présente pour traverser la ligne des sentinelles. — Les sentinelles se comportent comme dans le cas de la patrouille intérieure et laissent passer la troupe, soit qu'elle ait le mot, soit qu'elle ne l'ait point.

Un détachement ami, mais inconnu de la grand'garde, se présente pour se porter en dehors de la ligne. — Si le chef de la troupe ne s'arrête pas et ne répond pas au premier signal du factionnaire, celui-ci lui crie : *Halte-là !* et reconnaît régulièrement la troupe ; puis il se tient en-deçà de la ligne et ne la laisse passer que lorsque le chef de poste prévenu l'y a autorisé.

Un détachement ami, ayant le mot, vient du dehors et veut traverser la ligne. — Le détachement s'arrête au cri de la sentinelle et son chef s'avance seul pour donner le mot qui est reçu avec la prudence nécessaire, après quoi la sentinelle laisse passer.

Un détachement ami, n'appartenant pas à la grand'garde et n'ayant pas le mot, vient du dehors et veut traverser la ligne. — L'instructeur fait remarquer aux jeunes soldats que tout en procédant comme dans le cas qui précède, les factionnaires prennent cependant plus de précautions pour éviter une surprise : que l'un d'eux va prévenir le poste pendant que l'autre se tenant prêt à faire feu, oblige le chef et sa troupe à se tenir à distance jusqu'à ce que le chef de poste ait envoyé une patrouille de reconnaissance.

Arrivée d'un cavalier français, venant du dehors, et se disant porteur de nouvelles importantes. — *Arrivée d'un déserteur ennemi.* — *Arrivée de plusieurs déserteurs ennemis.* — L'instructeur fait remarquer aux jeunes soldats comment la sentinelle double doit prendre plus de précautions que pendant le jour ; comment elle fait déposer les armes à ces déserteurs et les tient à distance jusqu'à l'arrivée de la reconnaissance envoyée par le poste.

Arrivée d'un parlementaire ennemi. — *Arrivée d'une personne civile cherchant à dépasser la ligne des sentinelles soit dans un sens, soit dans l'autre.* — *Arrivée de plusieurs personnes civiles venant du dehors.* — L'instructeur fera remarquer aux jeunes soldats qu'il faut, dans ce cas, avoir plus de prudence que dans le jour, parce qu'il est plus difficile la nuit de juger à qui l'on a affaire, et parce qu'alors une surprise de la part de l'ennemi est plus à redouter.

L'officier instructeur pourra faire intervenir tel autre cas qu'il jugera à propos. Dans cet exercice, on sera forcément obligé de faire quelques conventions préalables, mais on s'efforcera toujours de se rapprocher de la réalité et de la vraisemblance.

RÉGLEMENT

Sur le service de sûreté pendant la marche.

—

1er EXERCICE

Eclaireurs.

Réunion de 12 à 20 jeunes soldats (une ou deux escouades), sous la direction d'un officier assisté de 4 sous-officiers ou caporaux. Adjonction d'environ 20 anciens soldats dont la moitié est destinée à représenter l'ennemi, et l'autre moitié à servir d'exemple aux jeunes soldats. Le choix du terrain sur lequel doit s'exécuter la marche ainsi que l'organisation préalable de l'exercice, nécessite quelques soins.

Une plaine unie où l'on voit de loin, un bois compact et uniforme, un chemin bordé de clôtures, ne conviennent point pour ces exercices. Il est au contraire avantageux d'opérer sur un terrain coupé, en partie découvert, en partie boisé, traversé par des coteaux, des collines, des ravins, etc., ou bien un bois avec clairières sur un sol accidenté. Il faut aussi que l'instructeur ait soigneusement reconnu le terrain avec les sous-officiers commandant l'ennemi, et lui ait bien précisé la série des petites opérations qu'il devra exécuter, ainsi que le point et le moment où chacune d'elles aura lieu.

L'instructeur, s'étant conformé à ses indications, fait partir la petite troupe chargée de représenter l'ennemi, puis réunit le détachement composé des jeunes soldats et de la moitié des anciens, le prévient qu'il doit exécuter une marche en avant de plusieurs kilomètres, dans la direction de l'ennemi, et qu'il doit s'attendre à chaque instant à être attaqué. Il se met en marche dans une formation quelconque en suivant la direction convenue, sur une route, un chemin, un sentier, ou à travers champs.

Après avoir parcouru quelques centaines de mètres, le détachement peut apercevoir sur le côté de la route, à droite par exemple, une petite découverte ennemie qui disparaît rapidement en se défilant de son mieux. L'instructeur explique aux jeunes soldats que ces hommes qui fuient, étaient là sans doute pour observer la marche du détachement, et qu'ils vont rendre compte de son approche au chef d'une force ennemie plus considérable. Un peu plus loin, l'attention du détachement est brusquement attirée par des coups de feu partant d'un point situé dans le voisinage de la route.

L'instructeur arrête sa troupe et lui laisse voir l'ennemi embusqué dans une position avantageuse (derrière un fossé, une clôture, la lisière d'un bouquet de bois), d'où il vient de diriger une attaque sur le détachement en marche ; il explique alors aux jeunes soldats, qu'une troupe ne saurait combattre sans prendre à l'avance quelques dispositions et sans tirer parti du terrain où elle se trouve, sous peine de se placer dans des conditions très désavantageuses, parfois même désastreuses ; que, dans la réalité, l'attaque imprévue que vient d'exécuter la petite troupe ennemie aurait eu pour conséquence de disperser ou de détruire le détachement surpris dans sa marche, qu'il est par conséquent d'une nécessité absolue de se préserver contre toute surprise, principalement devant soi, et sur ses côtés, lorsqu'on marche vers l'ennemi ; en arrière et sur les côtés quand on bat en retraite. Qu'on appelle s'*éclairer*, prendre des dispositions en conséquence, et *éclaireurs*, les hommes qui sont chargés de ce service. L'instructeur forme alors une pointe d'avant-garde, composée d'un caporal et deux anciens soldats, lui indique la direction à suivre, et l'envoie se placer à la distance et dans la formation convenables, c'est-à-dire, le caporal chef de la pointe avec un soldat sur les flancs de la route, à peu près à hauteur l'un de l'autre à environ 500 mètres du détachement, et l'autre soldat dans une position intermédiaire. L'instructeur explique aux jeunes soldats que ce groupe a pour mission d'éclairer en avant la marche du détachement et de prévenir à temps de tout voisinage de l'ennemi dans cette direction. — Que, dans ce but, le caporal et le soldat qui marchent en tête avancent avec prudence en tâchant de voir le plus loin possible devant eux. — Qu'ils se partagent les deux côtés de la route en se dissimulant de leur mieux, observant avec soin tout ce qui paraît mériter leur attention, et s'écartant même de temps en temps sur le côté, pour fouiller tout point du voisinage immédiat, qui leur paraît suspect et susceptible de cacher l'ennemi.

Que, lorsqu'ils découvrent l'ennemi, ils s'arrêtent, s'efforcent de bien le voir, sans être vus ; et qu'ensuite le chef de la pointe vient au pas de course rendre compte, au chef de l'avant-garde, de ce qu'il a pu remarquer, pendant que le soldat continue à observer. — Qu'en cas de danger imminent, l'un ou l'autre, ou tous les deux, font feu pour donner immédiatement l'alarme. — Que, d'ailleurs, ils doivent se préoccuper avant tout de bien voir et non de la distance exacte à laquelle ils doivent se trouver du détachement.

Que le soldat placé à mi-chemin en arrière des deux hommes de la pointe est là pour ne pas les perdre de vue et rester toujours lui-même à portée du détachement, afin de servir d'intermédiaire, et de pouvoir avertir promptement dans le cas où les deux hommes qui le précèdent tomberaient dans une embuscade et seraient enlevés par l'ennemi.

L'instructeur forme ensuite une patrouille de flanc (deux, si le terrain le permet) composée également d'un caporal et de deux anciens soldats, et l'envoie sur le côté exploré, le côté droit par exemple, à 500 mètres environ (plus ou moins selon la nature du terrain), de manière que sa vue puisse s'étendre au loin de ce côté.

Cette patrouille est disposée comme la pointe d'avant-garde, c'est-à-dire que le caporal conserve un homme avec lui, et laisse l'autre dans une position intermédiaire entre lui et le détachement. — L'instructeur explique aux jeunes soldats, que ce groupe, dont les hommes portent le nom de *flanqueurs*, doit remplir sur le côté droit, la mission que la pointe d'avant-garde remplit en avant, et qu'il a des consignes analogues. Que les deux flanqueurs les plus éloignés doivent marcher autant que possible à hauteur du détachement, mais que la distance à laquelle ils s'en trouveront sera nécessairement variable, puisqu'ils doivent avant tout s'occuper à atteindre les points d'où ils peuvent voir au loin du côté opposé à leur troupe, tout en s'efforçant de ne pas perdre leurs relations avec le détachement. — Que l'homme le plus rapproché sert d'intermédiaire, comme celui qui est placé derrière la pointe et fouille le terrain sur sa route. Pendant ce temps, l'ennemi prend ses dispositions, et place par exemple une petite découverte en avant, et près du chemin suivi par le détachement, tandis que le reste de sa troupe plus au loin est sur la droite au delà de la direction suivie probablement par les flanqueurs.

Au signal donné par l'instructeur, le détachement se met en marche en même temps que les éclaireurs et l'instructeur profite de toutes les occasions pour instruire les jeunes soldats. — Il leur montre comment procède la pointe d'avant-garde, lorsqu'elle est sur le point d'atteindre un endroit couvert, un coude de la route, une tranchée, un ravin, un défilé quelconque, une maison, etc. Il leur fait voir aussi comment les flanqueurs fouillent le terrain, gravissent une hauteur, s'approchent d'un ravin, de la lisière d'un bois, etc.

Le chef de la pointe d'avant-garde vient prévenir qu'il a reconnu une découverte ennemie qui, partant d'un point situé près de la route, a battu précipitamment en retraite sur le côté droit en avant du détachement.

L'instructeur arrête sa troupe pour lui faire entendre ce rapport, et adresse quelques questions au caporal pour le forcer au besoin à mieux préciser les renseignements qu'il donne, puis remet le détachement en marche.

Les flanqueurs signalent bientôt par plusieurs coups de feu la présence de l'ennemi qui a tenté de les enlever, ils se replient en combattant dans la direction du détachement. — La pointe d'avant-garde s'arrête en attendant les coups de feu et rejoint son détachement quand elle en reçoit l'ordre. — L'instructeur prend immédiatement ses dispositions de combat, en mettant à profit le terrain sur lequel il se trouve ou une position du voisinage. L'ennemi, inférieur en nombre et voyant le détachement en bonne position, se retire promptement.

L'instructeur fait reprendre aux flanqueurs leurs anciennes positions et dispose son détachement pour la marche en retraite, avec pointe d'avant-garde de flanqueurs. Il explique l'objet des dispositions prises, et ramène autant que possible sa troupe par un chemin différent, en faisant remarquer aux jeunes soldats comment, dans la marche en retraite, les éclaireurs conservent les mêmes positions que dans la marche en avant, mais en portant surtout leur attention en arrière du côté de l'ennemi.

2e EXERCICE

Eclaireurs.

Cet exercice est le complément du précédent. Les anciens soldats ne sont employés que pour représenter l'ennemi. Ils sont divisés en deux fractions formant une patrouille découverte et un petit peloton (ou de telle autre manière répondant mieux au plan placé d'avance par l'instructeur). On donnera pour mission à ces deux groupes d'observer ou d'attaquer soit les éclaireurs du détachement de jeunes soldats, soit le détachement lui-même. On leur prescrira, s'ils ont pour mission d'observer, de ne pas engager la lutte et de se retirer sur de nouvelles positions, dès qu'ils auront été découverts. S'ils ont pour mission d'attaquer, d'ouvrir le feu dès qu'ils seront à bonne portée du détachement, et de se retirer ensuite sans continuer le combat. L'instructeur forme avec les jeunes soldats une pointe d'avant-garde, une patrouille de flanc (deux, si le terrain l'exige), en désignant des caporaux ou des élèves comme chefs de groupe, et en attachant à chacun d'eux un sous-officier chargé d'indiquer aux jeunes soldats tous les détails de conduite à tenir pendant la marche dans les divers cas qui peuvent se présenter, selon la nature du terrain et les circonstances. L'instructeur répète aux jeunes solda s les instructions données pour le précédent exercice, et leur fait comprendre que ce rôle d'éclaireurs exige encore plus d'exactitude que de prudence puisque la pointe d'avant-garde ne doit pas retarder la marche du détachement et puisque les flanqueurs doivent marcher à sa hauteur.

Il leur apprend ordinairement pendant le jour ce service, confié de préférence à la cavalerie, qui peut éclairer très loin, et que dans bien des cas, notamment la nuit, et en terrain couvert, l'infanterie doit pouvoir se suffire à elle-même pour se garder pendant la marche ; puis, il envoie les éclaireurs à leur poste, après leur avoir indiqué la direction que le détachement doit suivre.

L'instructeur met alors le détachement en marche dans une direction choisie d'avance, de manière à faire fouiller un ravin, un défilé, à la pointe d'avant-garde, à faire longer aux flanqueurs une chaîne de collines, une hauteur, la lisière d'un bois ou de manière à profiter de telle autre ressource que le terrain peut offrir à l'instruction. Il fait fouiller aussi des lieux habités en faisant remarquer, toutefois, que cette dernière opération ne peut s'exécuter d'une manière complète, en temps de paix selon le programme concerté d'avance avec le sous-officier qui commande les anciens soldats ; les tentatives de l'ennemi contre le détachement et ses éclaireurs peuvent présenter des cas nombreux et variés. Ainsi la découverte ennemie se cachera, soit dans le voisinage de la route, soit en deçà, ou au delà du chemin suivi par les flanqueurs ; le peloton ennemi tentera une surprise sur la pointe d'avant-garde et sur les flanqueurs, et même une attaque contre le détachement ; ou bien il essaiera d'enlever la pointe d'arrière-garde pendant la marche en retraite, et d'après les combinaisons que la nature du terrain aura suggérée à la sagacité de l'officier directeur.

L'instructeur exige que chaque chef de groupe qui a aperçu l'ennemi, vienne lui rendre promptement et fidèlement compte de tout ce qu'il a observé. Chaque fois que l'un d'eux vient faire un rapport, il l'interroge en présence des jeunes soldats, pour bien leur faire remarquer qu'il s'est rendu exactement compte de ce qu'il venait de voir, avant de quitter son poste d'observation, et qu'il n'a omis aucune des circonstances qui devraient attirer son attention, telles que l'espèce et le chiffre approximatif des troupes ennemies, la direction de leur marche, si elles sont en mouvement, leur emplacement exact, si elles sont arrêtées, leur manière de se garder, et autres points essentiels.

L'instructeur, fera traverser au détachement un terrain difficile et présentant sur l'un des côtés ou sur tous les deux, des obstacles infranchissables, tels que marais, bois impraticable ou tout autre obstacle de nature à entraver et à retarder la marche du détachement ; il la fera relever, en arrêtant au besoin sa troupe pendant un instant : si les flanqueurs se trouvent trop en arrière ou ont perdu leurs communications, il enverra de même pour les remplacer une patrouille de flanc, et les premiers flanqueurs rejoindront le détachement aussitôt qu'ils le pourront ; l'instructeur pourra aussi faire traverser un terrain sur lequel il n'est pas nécessaire de se faire protéger d'une manière permanente, et présentant accidentellement sur le côté, une éminence isolée, un village, un ravin, un défilé, une route, etc... L'officier fait alors marcher le détachement sans flanqueurs. Il se contente d'envoyer une patrouille reconnaître ces divers points avant que le détachement n'arrive à leur hauteur, avec ordre de rallier dès que la reconnaissance sera terminée. Il explique en outre que, si la colonne était plus longue, on ferait occuper ces points par une force plus ou moins importante, jusqu'à ce que la colonne les eût dépassés.

Il est évident que l'on ne pourra mettre en pratique que la partie des prescriptions énoncées ci-dessus applicable au terrain dont il dispose.

Lorsque l'instructeur jugera qu'il a poussé assez loin la marche en avant, il formera son détachement pour exécuter la marche en retraite, en revenant par un autre chemin comme dans l'exercice précédent.

Ces exercices s'exécutent quelquefois pendant la nuit ou bien en partie de jour, en partie de nuit.

Dans l'exercice de nuit, l'instructeur fera remarquer que ce service d'éclaireurs exige plus de prudence ou de précautions que pendant le jour, qu'il est plus fatigant et plus difficile, que les éclaireurs sont beaucoup plus rapprochés de la troupe qu'ils sont chargés de protéger.

Il recommandera surtout aux éclaireurs de ne pas tourner immédiatement les talons après avoir fait feu, et de conserver assez de sang-froid, pour observer ce que fait l'ennemi, afin de pouvoir en rendre compte.

PATROUILLES. -- DÉCOUVERTES

1er EXERCICE

Service de jour.

Lorsque les jeunes soldats seront familiarisés avec le service de sûreté des troupes en station et des troupes en marche, on placera à l'exercice des patrouilles découvertes ou petites découvertes. Pour cet exercice, qui exige généralement un beau temps, on pourra se passer du concours des anciens, et réunir un plus grand nombre de jeunes soldats que dans les exercices précédents, par exemple deux classes de 12 à 20 hommes.

La plus grande partie du détachement formera un poste avancé représentant l'ennemi, et complétera ainsi son instruction sur le service ordinaire des avant-postes, tandis que l'autre partie, composée des jeunes soldats les plus intelligents et les plus adroits, sera exercée au service des patrouilles de découvertes dirigées contre la ligne d'avant-postes. Le sous-officier chargé de commander l'ennemi partira d'abord avec deux caporaux et son détachement, pour établir un poste, fournissant un cordon de 3 ou 4 sentinelles doubles ou de 5 ou 6 sentinelles simples sur l'emplacement qu'il aura reconnu d'avance avec l'instructeur.

Celui-ci partira ensuite avec deux sous-officiers et 6 jeunes soldats que la pratique des exercices précédents lui aura désignés comme les plus aptes au rôle des découvertes; il les conduira sur un point qu'on supposera appartenir à une autre ligne d'avant-postes, située en face de la précédente, à une distance de deux kilomètres au plus. Il ne faut pas que le terrain qui forme l'intervalle entre les deux lignes soit tout-à-fait impraticable, ni qu'il présente une plaine sur laquelle une patrouille ne saurait s'avancer de jour, sans être vue. Il est indispensable que ce terrain soit accidenté et présente des pentes, des parties plates, des hauteurs, des dépressions, des parties boisées, des parties découvertes, des fossés, des chemins, en un mot, que la surface fournisse le plus de variétés possibles. — S'il ne s'en trouve pas de semblables dans le voisinage, ou s'il n'y en a qu'un seul sur lequel on ne peut pas toujours se rendre, le mieux serait de se transporter dans une forêt, et de placer la ligne des sentinelles ennemies sur la limite d'une partie fourrée, de manière à avoir devant son front une partie plus clair-semée.

L'instructeur étant arrivé au point d'où il veut faire partir la découverte, explique aux élèves qu'ils sont sensés faire partie d'une ligne d'avant-postes, dont il indique la direction ; que l'ennemi se trouve en avant, à une distance inconnue, qu'il est nécessaire d'avoir de ses nouvelles et d'être exactement renseigné sur la position des avant-postes. Il leur fait comprendre qu'il faut s'en approcher le plus près possible sans être vu ni entendu ; qu'on ne saurait obtenir ces résultats par la force, puisqu'une troupe considérable étant vue de loin et présentant beaucoup de prise au feu de l'ennemi, observerait mal, et au prix de grands sacrifices ; que la ruse est le meilleur procédé pour obtenir les renseignements désirés ; qu'en conséquence, une patrouille de découverte doit se composer d'un nombre d'hommes aussi réduit que possible, mais qu'il est nécessaire que ces hommes soient intelligents, adroits et entreprenants, qu'ils aient bon pied, bon œil, bonne oreille. Il leur explique ensuite que, pour mieux se dérober à la vue de l'ennemi, la patrouille de découverte doit se composer de deux hommes ou de trois au plus, marchant à une distance convenable l'un derrière l'autre ; que le premier, qui doit être le plus adroit et le plus prudent est le chef de la découverte dont il trace la marche, et qu'il doit se glisser dans les fossés, les ravins, à travers les fourrés, derrière les haies, les murs, les remblais et autres accidents de toute espèce qu'il doit savoir mettre à profit, pour se défier de la vue de l'ennemi ; et que si les accidents voisins de l'ennemi n'ont que peu de relief, il doit ramper ; que le deuxième homme marche sur les traces du premier, de manière à ne pas le perdre de vue et en être entendu, afin de le protéger contre toute agression possible sur les côtés ; de l'empêcher surtout d'être tourné, et enfin de venir rendre compte dans le cas où il arriverait malheur au chef de patrouille ; que le troisième homme remplisse un rôle analogue, et suit le deuxième, comme celui-ci suit le premier ; mais, qu'à la rigueur, il n'est pas indispensable.

Après ces explications générales, l'instructeur prend les devants avec le jeune soldat qu'il a désigné comme chef de patrouille, et fait guider le deuxième et le troisième, chacun par un sous-officier ; les autres suivent comme spectateurs et se tiennent assez près de l'officier pour entendre ses explications. La découverte se met en marche et l'officier montre alors à l'élève, à chaque point du terrain, ce qu'il doit faire pour atteindre le but proposé sans négliger sa propre sécurité qui, néanmoins, n'est qu'accessoire. Il lui apprend à regarder surtout en avant de lui, à suivre la lisière d'un petit bois, et surveillant l'espace découvert, à se diriger dans la partie la plus fourrée d'une forêt pour observer les parties plus clair-semées ; à utiliser un fossé ou un défilé, de manière à pouvoir regarder au dehors ; à gravir un petit coteau jusqu'à ce qu'il voit par-dessus ; à ne pas suivre les chemins qui traversent des bois ou des terrains coupés, mais à les sonder de côté, en essayant d'en découvrir une certaine longueur, surtout aux points où ils changent de direction. Il lui est indiqué ainsi chaque fois d'une manière pratique : ce qu'il doit faire et en même temps comment il devrait se comporter si, à tel ou tel moment, il apercevait une patrouille ou un détachement ennemi, marchant sur la ligne d'avant-postes, d'où il est parti ou dans une autre direction. Lorsqu'on arrive devant un espace découvert, l'officier montre au chef de patrouille de quel côté il peut le mieux le tourner, et si c'est possible, comment il faut le traverser rapidement en se défilant de son mieux. Lorsqu'on atteint un point qui permet de voir au loin, par exemple la lisière d'un bois, le versant d'une colline, le bord d'un ravin, une clairière dans l'intérieur d'une forêt, un changement de direction d'un chemin, le sommet d'une hauteur, un angle de bois s'avançant dans la plaine, l'instructeur montre au chef de patrouille comment on s'arrête un instant en ce point favorable à l'observation, pour scruter du regard les environs, pour tâcher de découvrir l'ennemi, ou les indices qui révèlent sa présence, comment aussi il jette de temps en temps un coup d'œil en arrière sur le terrain parcouru. Le sous-officier qui dirige le deuxième homme et celui qui dirige le troisième homme leur donnent des renseignements analogues en leur apprenant à suivre les traces de celui qui les précède, pour veiller à sa sécurité en se montrant le moins possible et en observant sur les côtés et quelquefois en arrière. Lorsque le chef de patrouille, arrivant dans le voisinage, a aperçu une de ses sentinelles, l'instructeur lui montre comment il doit redoubler de précautions pour ne pas être découvert ; c'est alors qu'il lui faut profiter d'un trou, d'un buisson, d'un obstacle insignifiant, et se porter en rampant d'un point d'observation à un autre. En même temps, les sous-officiers qui assistent le deuxième et le le troisième homme, leur enseignent à redoubler de précautions, puisque le danger est plus grand, et à se tenir assez en arrière pour ne pas être aperçu par les sentinelles ennemies.

L'ennemi se tient tranquille pendant ce premier exercice, se bornant à faire relever ses factionnaires et à faire circuler des patrouilles intérieures le long de sa ligne d'avant-postes.

L'instructeur apprend au chef de patrouille à mettre à profit ce qu'il observe, pour se rendre exactement compte de la direction de la ligne des sentinelles ennemies; puis lui montre la manière de se déplacer pour découvrir une ou plusieurs sentinelles, en profitant des obstacles qui lui permettent de contourner légèrement ces sentinelles, sans se laisser voir. Les deux autres hommes se conforment à ce mouvement. Lorsque ce point de la ligne ennemie est bien reconnu, la mission du chef de patrouille peut être considérée comme terminée. L'instructeur fait alors comprendre qu'il serait inopportun de s'attarder, et qu'il importe au chef qui l'a envoyé de savoir le plus promptement s'il y a devant lui une ligne d'avant-postes ennemis, et où sont placés ces avant-postes. Il le fait donc revenir sur ces pas ; lorsqu'il est arrivé hors de vue de l'ennemi, il lui fait prendre un pas rapide, en suivant si c'est possible un autre chemin que celui par lequel il est venu, lorsqu'il ne doit pas en résulter une grande perte de temps. Les deux autres hommes laissent prendre les devants au chef de patrouille, puis se retirent à sa suite en prenant les mêmes précautions. Lorsqu'on répéterac et exercice, on devra faire varier les rôles.

A l'occasion de cet exercice, l'instructeur fera voir combien il importe de savoir s'orienter et devra entrer dans quelques explications à ce sujet.

2ᵉ EXERCICE

Service de jour.

On procédera dans cet exercice, comme dans le précédent, avec cette différence, que les jeunes soldats exercés aux patrouilles agissent par eux-mêmes sans être accompagnés.

Le sous-officier commandant l'ennemi établira sa ligne d'avant-postes sur le terrain convenu, en ayant soin d'espacer suffisamment ses sentinelles pour présenter un front assez étendu. Il maintiendra une certaine activité dans ses avant-postes, en faisant relever souvent ses sentinelles, en les faisant visiter par des patrouilles intérieures, en envoyant à quelque distance en avant des patrouilles, un petit détachement. Il déplacera aussi quelquefois son cordon de sentinelles pour le porter en avant ou en arrière. Il prendra aussi son détachement du voisinage des découvertes ; de telle sorte, que celles-ci se trouveront en présence de la plus grande partie des alternatives et des éventualités qui peuvent se produire devant un ennemi véritable. En arrivant sur le terrain, l'instructeur indique, aux jeunes soldats qu'il veut exercer au service des découvertes, la ligne supposée d'avant-postes dont ils sont sensés faire partie et un point central facile à remarquer qui sera le poste de rendez-vous près duquel il se tiendra pendant l'exercice pour recevoir les rapports. Il leur répète les instructions générales sur la conduite à tenir, et leur fait comprendre que leur but n'est pas de combattre, mais d'avoir des renseignements précis sur l'ennemi. Il leur rappelle qu'en cas de rencontre d'une découverte en petite patrouille ennemie, on doit se cacher pour n'être pas aperçu, et si l'on y réussit, la laisser s'éloigner en observant sa direction, puis suivre son chemin, pour compléter la reconnaissance de la ligne des avant-postes ennemis ; mais que dans ce cas, le deuxième et le troisième homme doivent se hâter de revenir en rendre compte pendant que le chef de la découverte observe la marche de ce détachement et met à profit tous les accidents de terrain pour le suivre en se maintenant à sa hauteur ; que si le détachement ennemi ne se dirige pas sur nos avant-postes, il suffit de le suivre, en observant quelque temps ; que si l'ennemi retire ses sentinelles on doit pousser plus loin pour reconnaître la position nouvelle de sa ligne d'avant-postes, ou s'assurer qu'il bat en retraite, que si l'on est couvert, il faut se dérober par la fuite en se portant un peu loin en arrière, ou sur le côté, se cacher quelque temps, puis s'avancer sur une autre direction lorsqu'on a reconnu une ligne de sentinelles ennemies et trouvé un endroit favorable à l'observation ; on doit s'y cacher, et tâcher de déduire de ce que l'on aura vu, la position et la force approximative du poste ennemi ; enfin il leur rappelle combien il importe que les renseignements obtenus soient transmis rapidement.

L'instructeur forme alors une patrouille de découverte composée de 3 jeunes soldats, la porte à droite par exemple, et à quelques centaines de mètres du point de rendez-vous. De là, il détermine de la main, ou par quelques indications sommaires la direction que la découverte devra suivre, et la fait partir en observant si les hommes se conforment bien aux instructions données ; un sous-officier se porte sur les traces de la découverte, et continue à l'observer quelque temps, sans toutefois dépasser le point où il pourrait être aperçu par l'ennemi et lui donne l'éveil. Lorsque l'instructeur juge que cette première découverte doit être arrivée près de l'ennemi, il se porte à gauche du point du rendez-vous, fait partir la seconde découverte comme la première en lui donnant une direction susceptible de l'amener sur les avant-postes ennemis. L'instructeur se place ensuite au poste assigné comme point de rendez-vous, pour y recevoir les rapports des chefs de découvertes à leur rentrée. Il exige que ce rapport verbal soit aussi simple que précis, et porte toujours sur les circonstances essentielles qui doivent attirer l'attention d'une reconnaissance à la guerre. S'il juge le rapport insuffisant, il le fait compléter en lui adressant des questions que la reconnaissance préalable du terrain lui facilite, il y ajoute les observations que comporte l'intérêt de l'instruction.

L'instructeur pourra ensuite envoyer la première découverte sur le chemin précédemment indiqué à la deuxième, dès que celle-ci sera rentrée et réciproquement. A la fin de l'exercice, l'officier rassemble tout le détachement. Il complète d'abord ses informations sur tout ce qui aura pu se passer, puis il examine la conduite de chacun, dans les diverses circonstances qui se sont reproduites, redresse les fautes commises en indiquant en détail tout ce qu'il aurait fallu faire, blâme les négligences et les fautes contre le bon sens et adresse des éloges à ceux qui ont fait preuve d'habileté.

3e EXERCICE

Service de nuit.

Lorsque les jeunes soldats seront convenablement exercés aux découvertes de jour, on les exercera aux découvertes de nuit.

On procédera comme dans l'exercice précédent. Toutefois, il n'est pas nécessaire de choisir le terrain avec autant de soin, puisqu'il est possible d'approcher la nuit sans être vu dans une ligne ennemie, sur un terrain peu accidenté et même en plaine ; en outre, il suffira d'une distance de 1 kilomètre entre les deux lignes d'avant-postes. Le sous-officier commandant l'ennemi établira son cordon de sentinelles doubles pour le service de nuit, en les espaçant suffisamment ; il fera relever souvent les sentinelles et circuler des patrouilles intérieures ; il enverra aussi des patrouilles avec un petit détachement en avant, pour faire enlever les découvertes en les tournant, ou en leur coupant la retraite. L'instructeur fait remarquer aux élèves toute l'importance de ce service et la différence essentielle entre la manière de procéder de jour ou tout repose principalement sur la vue, tandis que la nuit c'est l'ouïe qui joue le rôle principal, puisque le plus souvent on entend ceux qui s'approchent avant de les voir ; il explique quelles précautions l'on doit prendre pour ne pas faire de bruit avec ses armes, son équipement, comment on doit s'arrêter plus souvent pendant la marche pour écouter surtout dès qu'on se suppose à proximité de l'ennemi ; comment la nuit il vaut mieux se glisser à côté des buissons et des broussailles que de s'exposer à faire du bruit en marchant à l'intérieur ; comment on doit, lorsqu'on est arrivé à portée d'entendre l'ennemi, prêter l'oreille aux cris et interpellations de ses sentinelles pour guider sa marche ou la modifier ; comment à la faveur d'un terrain très accidenté, d'un temps pluvieux ou orageux, d'une obscurité profonde, le chef de la découverte peut s'avancer seul assez près des sentinelles pour surprendre leurs signaux de reconnaissance ; comment les intervalles entre les hommes de la patrouille sont moindres que pendant le jour, pour qu'ils puissent l'entendre et correspondre en sifflant légèrement ou par un signe quelconque et comment les deux derniers hommes se tiennent à distance lorsque le chef de patrouille arrive dans le voisinage d'une sentinelle ennemie. L'instructeur fera ensuite partir la découverte et recevra leurs rapports comme dans l'exercice qui précède.

Dans les séances suivantes, l'instructeur pourra assurer au chef de découverte la mission de se glisser à travers la ligne des sentinelles ennemies pour reconnaître la position du poste avancé. Lorsque ce sera admissible ou exécutable, ce qui exige un temps et un terrain favorable (ou des sentinelles ennemies pas très rapprochés l'une de l'autre), le chef de la découverte devra étudier d'abord le point de la ligne présentant le plus de facilité pour sa tentative ; il la traversera pendant que le deuxième et le troisième homme resteront dans le voisinage de la ligne, mais en dehors pour attendre le retour du chef de patrouille. Celui-ci ne pourra réussir qu'au moyen de la plus grande précaution : il rampera, s'arrêtera sous vent, observera la direction de la ligne et se dirigera selon les indices qui peuvent lui fournir cette direction, tels que la marche des patrouilles ou du détachement qui relève les sentinelles. Lorsqu'il arrivera près du poste, il se dérobera par un détour à la sentinelle qui est devant les armes, restera quelque temps blotti derrière un obstacle, et lorsqu'il se jugera convenablement renseigné, il prendra le chemin par lequel il est venu, dépassera avec les mêmes précautions la ligne des sentinelles, puis viendra en toute hâte rendre compte de ce qu'il aura vu ou observé.

On pourra ainsi mêler le service de jour avec le service de nuit, dans la même séance, en arrivant sur le terrain assez longtemps avant la pointe de jour.

A l'occasion de cet exercice, l'instructeur devra enseigner à son détachement la manière de s'orienter pendant la nuit. Il est bien entendu que les indications et les données précédentes relatives au service de jour et de nuit ne sauraient exclure telle combinaison ou telle situation différente qu'un instructeur intelligent et ingénieux saurait mettre à profit.

EXERCICES DE PRÉPARATION AU COMBAT

ÉCOLE DU SOLDAT.

—

Les exercices de préparation au combat commencent, pour les jeunes soldats, dès qu'ils connaissent le titre 2ᵉ du règlement sur les manœuvres de l'infanterie, le déploiement d'une escouade en tirailleurs et quelques notions de tir et l'appréciation des distances.

Le terrain de l'exercice, reconnu d'avance et choisi avec soin par l'instructeur, doit se prêter favorablement à l'exécution de l'opération que l'on veut faire. Il est indispensable de le faire varier souvent pour habituer les hommes à la diversité des situations et former leur coup d'œil.

On peut toujours représenter l'ennemi par un nombre de soldats suffisant pour se rapprocher, le plus possible, de la réalité. Ces hommes doivent être facilement reconnaissables à une différence très apparente dans la tenue. Celui qui les commande reçoit préalablement des instructions détaillées sur la conduite à tenir pendant l'exercice.

L'instructeur conserve la haute main sur les deux détachements (ami et ennemi). Ces détachements n'opèrent et ne se déplacent que suivant ses instructions et ses indications, de manière qu'il puisse prolonger une situation instructive ou la faire recommencer.

L'essentiel n'est pas de faire beaucoup de mouvements, mais de les exécuter d'une manière rationnelle, en tenant exactement compte des conditions où l'on se trouve.

Dans cette instruction, on présente autant que possible à l'esprit et au sens du jeune soldat la série des faits tels qu'ils se produisent à la guerre, on ne faisant des suppositions que lorsqu'on ne peut pas faire autrement.

On fait peu de théorie, l'on se borne seulement à l'explication des faits se rattachant à l'exercice du jour et au terrain qu'on occupe.

En général, le feu est simulé ; toutefois, il est très avantageux de faire usage de quelques cartouches à poudre, quand on le pourra, soit pour bien préciser la position des deux partis, soit pour donner à l'exercice un intérêt et une animation désirables. Ainsi, on fera bien de faire tirer une cartouche à poudre par chaque homme pour déterminer chaque nouvelle place de combat.

On enseignera d'abord aux soldats la défense des positions en commençant par les cas les plus simples, puis on leur apprendra à se porter en avant sous les yeux de l'ennemi et enfin à attaquer une position.

Il est bien entendu que les dispositions prises dans les exercices n'ont rien d'absolu et sont susceptibles de se prêter à des modifications avantageuses.

1re LEÇON

Défense d'une position

Cette leçon demande, pour être enseignée, plusieurs séances. Pour la première séance, on choisit une position présentant à la défense les conditions les plus favorables.

Ces conditions sont remplies dans un ouvrage de fortification permanente ou passagère ayant devant son front un terrain bien découvert.

A défaut d'une fortification, on choisit une position qui remplisse autant que possible les mêmes conditions : un fossé, un remblai, un mur crénelé ou non, la crête d'une colline, enfin un obstacle continu, ayant devant lui une étendue suffisante de terrain découvert.

Le terrain sur lequel l'assaillant doit s'avancer est reconnu d'avance par l'officier instructeur accompagné du sous-officier qui doit commander l'ennemi.

Pendant la reconnaissance, l'instructeur détermine le point où le détachement ennemi doit se montrer, l'heure à laquelle il commencera son mouvement et les signaux qui serviront à lui prescrire de marcher en avant, de s'arrêter ou de battre en retraite.

Ces premières dispositions prises, l'officier instructeur fait partir le détachement représentant l'ennemi (une ou deux escouades) et se porte de sa personne avec les jeunes soldats au nombre de 12 ou 20 (une ou deux escouades) et avec une escouade d'anciens, en arrière de la position à défendre.

Arrivé sur ce point, il ordonne au sous-officier ou au caporal commandant les anciens soldats de les porter en tirailleurs sur la position, en leur prescrivant de se défiler de la vue de l'ennemi.

Conduisant ensuite les jeunes soldats sur cette même position, l'instructeur leur montre dans quelle position se trouve l'ennemi et leur explique les dispositions prises par les anciens soldats. Il leur fait comprendre que tant que l'ennemi n'a pas été signalé, il y a tout intérêt à ce que le plus grand nombre des hommes se repose en se masquant complétement, tandis que quelques factionnaires vigilants suffisent pour avertir en temps utile de l'approche de l'ennemi. Il leur fait remarquer la manière dont ces factionnaires se placent, manière qui leur permet de bien voir et de ne laisser cependant découvrir, hors de l'abri, que le moins possible de leur personne.

L'ennemi, se montrant au moment convenu, est aussitôt signalé par les factionnaires; et le sous-officier ou le caporal prescrit aux défenseurs qui n'étaient que défilés de prendre leur position de combat.

L'instructeur montre alors aux jeunes soldats comment les anciens qui avaient reconnu d'avance les points qu'ils devaient occuper s'y sont embusqués en prenant des positions différentes, suivant la hauteur et la forme de l'abri, comment ils appuient leurs armes pour faire feu et enfin comment, à l'aide de certains points pris dans la campagne en avant d'eux et dont la distance leur est convenue, soit qu'elle leur ait été indiquée, soit qu'ils aient pu l'apprécier eux-mêmes, ils arrivent à trouver l'éloignement des points intermédiaires.

La position étant ainsi occupée, et l'ennemi s'étant rapproché, les anciens commencent le feu sur l'ordre du sous-officier ou du caporal.

L'instructeur rappelle alors l'attention des jeunes soldats sur la manière dont chaque défenseur règle lui-même son tir pendant la marche de l'assaillant; il leur fait remarquer comment l'ennemi, arrêté dans son mouvement en avant par le feu des défenseurs, s'embusque dans une position plus ou moins abritée et fait feu à son tour jusqu'à ce qu'il se décide à la retraite.

Pendant la retraite de l'ennemi, l'instructeur fait observer aux jeunes soldats que les défenseurs se défilent moins, pour tirer plus à leur aise, l'essentiel pour eux étant de profiter du court moment pendant lequel l'ennemi se trouve encore à bonne portée et ne peut plus faire un aussi bon usage de ses feux pour tirer sur lui commodément et rapidement. Lorsque l'ennemi a disparu ou est hors de portée, l'instructeur fait reprendre aux anciens soldats la position d'expectative; le plus grand nombre se défilant et se reposant pendant que les factionnaires continuent seuls à surveiller le terrain.

Cette dernière leçon ayant été donnée rapidement et complétement par l'exemple, l'instructeur la fait expliquer par les jeunes soldats, en procédant de la même manière.

Dans cet exercice et dans les suivants, on s'attachera à apprendre aux jeunes soldats à bien occuper une position. On s'assurera ensuite qu'ils savent se servir des points saillants dans la campagne dont la distance leur est indiquée, pour apprécier les points intermédiaires.

Enfin, dans l'exécution des feux, on se bornera à donner comme règle générale au sous-officier ou caporal qui devra les commander, de ne faire tirer aux grandes distances que les meilleurs tireurs et de ne laisser ouvrir le feu par tout le monde qu'à des distances moindres ou pendant la retraite de l'ennemi.

EXERCICES COMPLÉMENTAIRES

On complétera cette instruction par un grand nombre d'exercices sur des terrains variés et de plus en plus difficiles pour la défense. Ainsi, après avoir appris aux jeunes soldats à défendre un obstacle continu, tel qu'un remblai, un fossé, un mur, on leur enseignera à défendre un terrain ne présentant que des abris irrégulièrement espacés, comme une lisière de bois, un terrain couvert de broussailles, etc. En même temps, on laissera en avant du front, à la disposition de l'ennemi, un terrain plus coupé et offrant un plus grand nombre d'obstacles naturels.

On devra arriver, par ces exercices, à apprendre à une ou deux escouades à occuper une position défensive sur un terrain quelconque.

L'instructeur s'attachera à faire comprendre aux hommes la valeur des positions et leur enseignera l'importance des divers abris, tels qu'une chaussée, un déblai, un chemin creux, un pli ou une ondulation de terrain, un trou d'arbre, un rocher, une meule de paille, un tas de pierres, etc., abris qui les dérobent à la vue et aux coups de l'ennemi, et ceux tels que taillis, buissons, clôtures, champs de blé, cultures diverses qui ne sont pas susceptibles de les soustraire à ses coups, mais peuvent cependant les cacher à sa vue. Il insistera particulièrement sur la manière de défendre un bois en enseignant, dans ce cas, comment les défenseurs ne se placent pas tout-à-fait au bord de la lisière où ils seraient trop en vue et comment ils se servent des arbres pour appuyer leurs armes.

Pour organiser ces exercices, on se conforme à ce qui est prescrit aux numéros 13, 14, 15, mais on ne procédera plus par l'exemple, comme dans la première séance, afin de ne pas employer un temps trop long. On instruira directement les jeunes soldats auxquels on adjoindra des caporaux ou des anciens (à raison d'un de ces derniers pour deux jeunes soldats) qui les guideront dans le choix des positions et des obstacles pour s'embusquer et tirer.

MARCHE SOUS LES YEUX DE L'ENNEMI

—

30. Dans cet exercice, on apprend aux jeunes soldats à se porter en avant sous les yeux de l'ennemi, soit en se dérobant complétement à sa vue, soit en ne se laissant voir que le moins possible. On commence cet enseignement par les cas les plus faciles et les plus simples et on arrive progressivement aux cas les plus difficiles et les plus compliqués.

31. Les terrains couverts et accidentés conviennent mieux à cet exercice que les terrains unis et sans abris.

La classe d'instruction est composée comme il a été prescrit au numéro 15.

33. L'instructeur choisit, pour ce premier exercice, un terrain couvert et accidenté, qui puisse permettre à une troupe instruite de se porter en avant sans être vue de l'ennemi.

Il reconnaît le terrain avec le sous-officier chargé de commander l'ennemi et il indique à ce sous-officier la position qu'il doit occuper avec sa troupe, soit comme position défensive, soit comme avant-poste d'une troupe en arrière.

34. L'ennemi occupant la position convenue, l'instructeur conduit le détachement des jeunes soldats (de 12 à 20 hommes) et une escouade d'anciens, à un ou deux kilomètres en avant de cette position, et le tient soigneusement dérobé à la vue de l'ennemi. Là, il montre aux jeunes soldats la direction de l'ennemi, le leur fait voir, si c'est possible, et les prévient qu'ils ont à s'avancer le plus près de lui sans s'exposer à sa vue.

35. Il déploie alors ces jeunes soldats en tirailleurs et il attache à chaque groupe de deux hommes un ancien soldat pour les diriger dans leur marche. Il porte ensuite ces tirailleurs en avant en leur indiquant la direction.

Dans cette marche, chaque ancien soldat conduit son groupe ; il évite les endroits découverts qui le mettraient en vue de l'ennemi et se jette à droite ou à gauche en se couvrant des divers obstacles ou des mouvements de terrain qui peuvent se présenter.

Il se baisse au besoin, lorsqu'il ne peut faire autrement, et reprend sa place dans la ligne des tirailleurs aussitôt que possible. Il évite tout cri qui pourrait être entendu de l'ennemi et fait comprendre à ses hommes la raison de chacun de ces mouvements.

36. Lorque les tirailleurs sont arrivés à environ 200 ou 300 mètres de la position de l'ennemi, sur des points qui ne leur permettent plus de s'avancer en se dérobant à sa vue, l'instructeur les arrête et leur fait prendre des positions de combat. A cet effet, il leur prescrit de se porter isolément ou par petits groupes, en se glissant d'obstacles en obstacles, le plus près possible de l'ennemi, et de s'embusquer derrière les meilleurs abris qui se trouvent à leur portée.

37. L'instructeur fait ensuite venir le sous-officier chargé de commander l'ennemi, qui lui indique ce que sa troupe a aperçu.

38. Il adresse alors ses observations aux jeunes soldats et fait remarquer à chaque groupe les fautes qu'il a commises, puis il ordonne à sa troupe de revenir en arrière sur sa première position.

39. Après avoir fait exécuter cet exercice en donnant à chaque groupe de deux jeunes soldats un ancien pour le diriger, l'instructeur le fait recommencer pour les jeunes soldats seulement.

40. Il le fait ensuite répéter sur des terrains différents, mais toujours couverts et accidentés qui permettent à sa troupe de se familiariser avec les divers obstacles et de les utiliser pendant leur marche.

41. Puis, il choisit des terrains de moins en moins accidentés, où les jeunes soldats sont dans la nécessité de traverser des espaces de terrain découverts et en vue de l'ennemi.

42. L'instructeur explique que ces parties découvertes doivent être traversées très rapidement au pas de course, de manière à rester le moins longtemps possible en vue de l'ennemi.

43. Dans tous les exercices, l'instructeur s'attache à faire comprendre aux hommes la valeur des divers obstacles, en leur indiquant ceux qui leur donnent le plus de sécurité.

44. Les difficultés d'application qui peuvent se présenter dans cet exercice sont très nombreuses ; l'instructeur laisse le plus souvent les jeunes soldats les résoudre eux-mêmes, mais il les surveille et leur fait toujours comprendre pourquoi ils ont bien ou mal agi.

45. Comme complément de cet exercice, on exercera une escouade réunie à traverser un endroit découvert en se déployant rapidement pour le traverser au pas de course et à se réunir ensuite derrière un obstacle indiqué d'avance par le chef de l'escouade.

Attaque d'une position.

46. Lorsque les jeunes soldats auront été convenablement exercés à défendre des positions situées en terrains variés et à se porter en avant sous les yeux de l'ennemi, on leur enseignera la manière de procéder pour attaquer une position.

47. Cette position sera d'abord choisie de façon à présenter en avant de son front des accidents de terrain ou des obstacles susceptibles d'en faciliter l'approche aux assaillants.

48. L'exercice sera organisé comme dans la leçon précédente (numéros 34 et 35.)

49. L'instructeur ayant amené son détachement à l'endroit choisi d'avance pour point de départ de l'attaque, le maintient dérobé à la vue de l'ennemi, et fait voir aux jeunes soldats la position à attaquer. Il leur explique que, vu la distance à parcourir, le feu des défenseurs rendrait l'opération extrêmement difficile, si on voulait enlever cette position en marchant droit sur elle et sans précaution ; qu'il est d'abord nécessaire de gagner du terrain, en mettant à profit, pour se développer à la vue de l'ennemi, tous les accidents ou obstacles qui se trouvent en avant de la position ; qu'à cet effet, on se porte successivement de l'un à l'autre de ces abris en se laissant voir le moins possible, surtout lorsqu'on traverse un espace battu par le feu de l'ennemi et qu'il ne faut guère songer à faire usage de son propre feu avant d'être parvenu à s'établir dans des postes avantageusement situés et à bonne portée de la position que l'on veut attaquer.

50. Faisant alors mettre ses indications en pratique, l'instructeur ordonne à sa troupe, déployée en tirailleurs, de gagner les abris qui se trouvent directement en avant ou un peu sur le côté.

51. Pendant cette marche, il veille à ce que les hommes se conforment à tout ce qui a été prescrit pour la marche en avant sous les yeux de l'ennemi.

52. Lorsque les tirailleurs, souffrant déjà du feu de l'ennemi, sont parvenus à atteindre un point assez avantageux et assez rapproché de la position pour qu'on puisse tirer avec efficacité contre les défenseurs, l'instructeur les arrête, leur fait prendre des positions de combat, comme il a été expliqué au 1er exercice n° 19, et fait ouvrir le feu, du côté de l'ennemi, par une escouade seulement, tandis que l'autre escouade, profitant du moment où l'attention et même le feu de l'ennemi sont surtout dirigés sur la première, gagne rapidement un abri plus avancé.

53. L'instructeur fait ensuite commencer le feu par la deuxième escouade, et ordonne à la première de profiter de la protection qui lui est donnée par le feu de la deuxième pour gagner à son tour un obstacle plus en avant.

54. Après avoir fait avancer ainsi ses escouades par bonds successifs jusqu'à ce qu'elles soient parvenues à atteindre un dernier abri favorable d'où elles découvrent parfaitement la position de l'ennemi, l'instructeur ordonne à sa troupe d'ouvrir le feu très vif contre les défenseurs. En même temps, l'ennemi, ralentissant progressivement son feu, conformément aux instructions qu'il a reçues, il ordonne aux assaillants de quitter leurs abris et de se porter rapidement sur la position qu'ils trouvent abandonnée. Dès qu'ils y sont arrivés, il leur fait prendre des postes de combat à la hâte et sans trop s'occuper de se défiler, pour mettre à profit l'instant très court pendant lequel l'ennemi en retraite reste encore à découvert et à bonne portée.

55. L'instructeur explique alors aux jeunes soldats qu'ils peuvent, de leur initiative individuelle, se porter sur les points situés au-delà de la position, si, de ces points, ils découvrent mieux l'ennemi et peuvent le poursuivre de leur feu. Mais, il ajoute qu'ils doivent attendre des ordres avant de faire un mouvement général en avant, l'essentiel pour eux, en ce moment, étant de se mettre en garde contre un retour offensif en occupant fortement les abords et les points dominants de la position.

56. Cette dernière phase de l'attaque étant une des parties principales de la

leçon, l'instructeur s'attachera à en faire bien comprendre toute l'importance aux jeunes soldats.

Manière de battre en retraite.

57. Les jeunes soldats ayant bien compris comment on défend et attaque une position, l'instructeur leur enseigne la manière de battre en retraite.

58. L'exercice est organisé comme celui de la défense, avec cette différence qu'on peut se passer de modèle, et que, pour mieux rester dans la vraisemblance, on fait représenter l'ennemi par un nombre d'anciens, supérieur à celui des recrues, trois escouades, par exemple.

59. L'instructeur enseigne d'abord aux jeunes soldats la manière d'évacuer une position.

60. Dans ce but, il fait choix d'une position peu favorable à la défense et y installe son détachement, comme il a été prescrit n° 19.

61. Il explique alors aux jeunes soldats qu'il se présente des cas où l'on est dans la nécessité d'abandonner une position, et il s'attache tout particulièrement à leur faire comprendre qu'une retraite n'est pas une marche en arrière exécutée sans ordre, mais bien une suite de mouvements dans lesquels on occupe successivement, et sur l'indication des chefs, des points avantageux où l'on peut résister suffisamment à l'ennemi pour attarder ou arrêter sa marche en se conformant à ce qui a été prescrit pour la défense. L'instructeur leur fait comprendre ainsi que la retraite ne peut être que l'exécution d'un ordre donné, et que, selon que cette retraite est bien ou mal exécutée, il peut en résulter les circonstances les plus avantageuses et les plus funestes.

62. Ces indications étant données, l'ennemi, sur l'ordre de l'instructeur, exécute son attaque et parvient à atteindre, sous le feu de la défense, un certain nombre de postes avantageux et assez rapprochés de la position pour faire converger un feu très vif sur les défenseurs.

63. L'instructeur, supposant que le moment de se retirer est arrivé, prévient les jeunes soldats qu'ils vont battre en retraite d'après des règles analogues à celles prescrites pour l'attaque d'une position.

64. A cet effet, il ordonne à la première escouade d'accélérer son feu et prescrit à la deuxième de quitter rapidement ses abris sans se laisser voir de l'ennemi, autant que possible, et de se porter, au pas de course, sur une position située plus en arrière qui lui est indiquée.

65. Lorsque l'instructeur voit la première escouade établie sur la nouvelle position, il ordonne à la deuxième de se replier à son tour de la même manière en ayant soin de démasquer les tirailleurs qui sont déjà établis en arrière.

66. Si l'instructeur a l'intention de continuer la retraite en échelon, il n'arrête point cette escouade à hauteur de la première, mais il lui fait continuer son mouvement en la dirigeant sur une troisième position située sur la ligne de retraite et un peu sur le côté.

67. Tous ces inconvénients sont commandés et exécutés comme à l'école des tirailleurs.

68. L'instructeur s'attache à faire comprendre aux jeunes soldats que c'est seulement en procédant de la sorte, par une série d'efforts combinés et successifs, qu'on arrive à ralentir la poursuite de l'ennemi et même à l'arrêter complétement en éprouvant soi-même le moins de pertes possibles.

69. L'instructeur montre ensuite comment s'évacue une position, lorsqu'on se trouve dans la nécessité de faire retirer toute la ligne en même temps.

70. Dans ce cas, il prescrit à quelques hommes de rester postés sur la ligne et de s'y maintenir en faisant usage de toute l'intensité de leur feu pour protéger la retraite.

Ensuite, il ordonne aux tirailleurs de se dégager de la ligne sans se laisser voir et de se porter rapidement sur une position plus en arrière qui lui est indiquée, en profitant de tous les obstacles pour dissimuler leur mouvement.

71. Lorsque la ligne est établie sur sa nouvelle position, les tirailleurs laissés en arrière se mettent en retraite pour la rallier.

72. On peut aussi battre en retraite de la manière suivante : l'instructeur prescrit aux défenseurs de faire usage de toute la vivacité de leur feu et de se tenir prêts à se retirer au premier signal.

73. En même temps, il dirige au pas de course sur un point avantageux, situé en arrière et assez rapproché, quelques tirailleurs ayant pour mission de s'y poster à la hâte et de ralentir, autant que possible, par leur feu, la marche en avant de l'ennemi.

74. L'instructeur ordonne ensuite à sa troupe de se diriger au pas de course, par les chemins indiqués, d'abord sur les parties du terrain les plus proches, susceptibles d'abriter contre le feu de l'ennemi, maître de la position, puis moins vivement et en ordre jusqu'à la nouvelle position reconnue.

75. A ce moment, les tirailleurs laissés en arrière rallient rapidement le détachement.

76. L'instructeur indiquera ensuite aux jeunes soldats la manière de battre en retraite, lorsqu'une attaque dirigée contre une position a échoué.

77. Dans ce cas, l'ennemi est installé dans une position avantageuse qu'on a tenté d'enlever, comme il a été prescrit numéros 50, 51, 52, 53, 54, 55.

Lorsque l'instructeur a décidé la retraite, il prévient les assaillants d'user de toute l'intensité de leur feu. Il indique en même temps le point de ralliement et les chemins les plus convenables pour s'y rendre ; puis, après avoir disposé quelques tirailleurs, comme il a été indiqué précédemment n° 70, il fait retirer ses troupes en mettant à profit les obstacles ou accidents de terrain pour se défiler, en se portant rapidement sur le point indiqué.

La ligne des tirailleurs, se trouvant alors établie sur une position, continue sa retraite, en se conformant à ce qui a été prescrit numéros 64, 65.

—

Comme complément et comme application des règles données dans l'enseignement de l'école du soldat, on pourra faire exécuter aux hommes quelques petites opérations élémentaires de la guerre, dans lesquelles on ne tiendra compte que de l'instruction individuelle.

ÉCOLE DE COMPAGNIE

—

Instruction des cadres. — Grand'gardes.

1. Pour cet exercice, le commandant de la compagnie choisit et reconnaît d'avance un terrain favorable à l'établissement d'une grand'garde et des deux ou trois petits postes qu'elle doit détacher. Il emmène avec lui, pour cette reconnaissance, l'officier qui doit commander le détachement représentant l'ennemi et, après lui avoir montré les emplacements qu'il aura choisis pour ses postes, il lui indique la distance à laquelle il devra se tenir avec sa troupe, les forces qu'il emploiera dans chaque phase de cet exercice, et les signaux à l'aide desquels il sera prévenu du moment où il devra les faire agir.

2. Une section d'une autre compagnie sera habituellement chargée du rôle de l'ennemi et son commandant la fera partir un peu avant la compagnie pour la conduire directement sur le terrain qui lui aura été désigné.

3. Le capitaine amène la compagnie dans le voisinage de l'emplacement qu'il a choisi pour la grand'garde, et, après l'avoir arrêtée, il désigne les fractions qui devront fournir les petits postes, en ayant soin de les choisir parmi celles ayant à leur tête des sous-officiers ou des caporaux déjà instruits.

4. Il confie alors le commandement de la troupe à son lieutenant; il réunit les cadres et les conduit sur un point d'où l'on peut découvrir tous les environs.

5. De cet observatoire, il leur fait étudier le terrain, et, après leur avoir indiqué dans quelle direction se trouve l'ennemi, il leur explique quelles considérations l'ont guidé dans le choix des emplacements de la grand'garde et des petits postes. Il leur explique que ces derniers sont indispensables et que de simples sentinelles ne suffiraient pas pour couvrir la grand'garde. Trop près d'elle, les sentinelles ne sauraient la prévenir à temps si l'ennemi se présentait. Trop loin, elles risqueraient d'être enlevées et, se sentant privées de soutien, elles n'auraient ni confiance ni solidité. Il leur démontre ainsi la nécessité des petits postes, dont la distance à la grand'garde varie suivant la nature du terrain et des circonstances. Ces petits postes doivent être assez près pour être soutenus, assez loin pour donner à la grand'garde le temps de se préparer à la défense ; dans tous les cas, avoir, avec le poste principal, des communications faciles, tout en restant dérobés aux vues de l'ennemi ; ils détachent des sentinelles sur des points, d'où celles-ci peuvent voir tout ce qui se passe aux environs.

6. Enfin, il termine ces explications préliminaires en leur disant que la grand'garde et les petits postes, avant de s'établir, ont intérêt à s'assurer qu'ils ne seront pas inquiétés pendant leur installation, et que cette assurance s'acquiert au moyen d'une reconnaissance faite par les troupes mêmes qui sont destinées à occuper les petits postes et qui auront ainsi l'avantage d'avoir étudié et fouillé le terrain qu'elles vont être chargées de surveiller.

7. Les cadres à instruire ayant été ainsi préparés à comprendre ce qui va se passer sous leurs yeux, le capitaine prescrit à son lieutenant de mettre en mouvement les détachements qui doivent occuper les petits postes et de porter le reste de la compagnie sur l'emplacement choisi pour la grand'garde.

8. Pendant que cette opération s'exécute, le capitaine montre à ses cadres que les troupes chargées d'occuper les petits postes s'avancent sur le terrain en tirailleurs avec soutiens ; que les soutiens, aussitôt qu'ils le peuvent, occupent les emplacements désignés pour les postes ; que leurs chefs choisissent les points où doivent être placées les sentinelles ; et que ce n'est qu'après que celles-ci y sont installées et ont reçu leurs consignes que les tirailleurs sont rappelés.

9. Lorsque les petits postes sont occupés, le capitaine conduit successivement ses cadres auprès de chacun d'eux et, en leur présence, il contrôle les dispositions prises par chaque chef de poste. Il insiste sur les précautions prises, afin que l'existence des postes ne puisse être constatée par l'ennemi; sur les communications qui ont dû être étudiées de façon à mettre chaque poste facilement et promptement en relation avec les postes voisins et avec la grand'garde ; sur la manière dont le service a été réglé ; sur la nécessité de n'allumer des feux que dans les endroits masqués aux vues de l'ennemi.

10. Il interroge, devant les cadres à instruire, chaque chef de poste, sur la conduite qu'il compte tenir s'il est attaqué, si son voisin est attaqué, ou si son voisin ou lui sont attaqués.

11. Enfin, il visite les sentinelles, voit si les conditions qui ont été indiquées à l'école du soldat, relativement à l'emplacement, sont bien remplies ; si les abords des postes sont bien surveillés, et cela avec le moins de monde possible ; si les consignes sont bien données et si les relations sont bien établies avec les sentinelles des postes voisins.

12. Chaque poste ayant ainsi été visité par les cadres, le capitaine les conduit de nouveau au point dominant, d'où ils pourront se rendre compte des opérations de l'ennemi et de la manière dont se comportent les postes attaqués.

13. Puis, au moyen du signal convenu, il prescrit à l'officier qui commande l'ennemi, de diriger, avec des forces supérieures, une attaque sur celui des petits postes qui lui paraît le plus vulnérable.

14. Il montre alors à ses cadres que le chef du petit poste prévenu par ses sentinelles de l'approche de l'ennemi, en donne avis au commandant de la grand'garde, en faisant un signal, si les circonstances le lui permettent et, dans tous les cas, en lui envoyant un homme intelligent, et que, s'il n'a pu soutenir ses sentinelles, ainsi qu'il est dit à l'école du soldat (numéro 13), il dispose ses hommes sur la position défensive qu'il a reconnue et choisie d'avance, dans cette prévision, et sur laquelle il cherche à se maintenir.

15. L'ennemi, étant plus fort que le petit poste, celui-ci est contraint de se replier.

16. Le capitaine montre alors que le chef de poste se retire avec ses hommes sur une position intermédiaire, également reconnue et choisie d'avance et où il a des chances de se maintenir jusqu'à l'arrivée du soutien envoyé par la grand'garde.

17. Il fait voir, en même temps, que les petits postes voisins soutiennent de leur mieux le petit poste attaqué, tout en se maintenant à la place tant qu'ils ne risquent pas d'être tournés.

18. À l'arrivée du soutien envoyé par la grand'garde, l'ennemi, qui ne se trouve plus en force suffisante pour continuer son attaque, se retire, et le capitaine montre aux cadres que le chef du poste attaqué fait surveiller la retraite de l'ennemi par une patrouille et porte de nouveau son poste, puis ses sentinelles, sur l'emplacement qu'ils avaient momentanément abandonné.

19. Le capitaine, pour confirmer cette instruction, fait attaquer à la fois par l'ennemi deux postes voisins ou même tous les postes.

20. Il montre alors à ses cadres que les postes, obligés de se replier tous devant des forces supérieures pour se rapprocher de la grand'garde, résistent de leur mieux, puis se retirent successivement et par échelon, de manière à se soutenir mutuellement et à retarder ainsi le plus possible la marche de l'ennemi.

21. Lorsque l'instruction a été ainsi donnée par l'exemple, le capitaine ramène les cadres à la compagnie, rappelle les petits postes et fait recommencer tout l'exercice en chargeant les cadres qu'il vient d'instruire du commandement des petits postes et en mettant sous leurs ordres les hommes qu'ils commandent habituellement.

22. Se portant alors successivement près de chaque poste, il veille à l'observation des principes qu'il a précédemment enseignés, rectifie les fautes, fait attaquer un, deux et même tous les nouveaux postes et profite de toutes les occasions pour développer l'instruction des sous-officiers et caporaux.

23. Il pourra aussi, pendant le cours de cette instruction, faire reproduire toutes les circonstances relatives au service de jour détaillées à l'école du soldat, numéros 30 à 36, et il s'assurera que les sous-officiers et caporaux les connaissent, appliquent les principes qui leur ont été donnés à ce sujet, et les font appliquer par leurs hommes.

24. Le capitaine renouvellera plusieurs fois cet exercice sur des terrains différents. Il donnera ainsi à ses cadres assez d'habitude pour que chaque sous-officier ou caporal, chargé de placer un petit poste et des sentinelles, dans le but de couvrir et de garder un point désigné, puisse prendre, de sa propre initiative, les dispositions les plus satisfaisantes.

MARCHE. — 1er EXERCICE

25. Cet exercice est exécuté, la première fois, sur une route ayant à sa droite ou à sa gauche, ou bien sur les deux côtés à la fois, des terrains qu'il soit possible de traverser sans trop de difficultés ou encore des chemins ou sentiers parallèles que puissent suivre les flanqueurs.

26. L'ennemi est représenté par une escouade de la compagnie, commandée par un officier ou un sous-officier instruit, ou mieux, si c'est possible, par une section d'une autre compagnie.

Il partira une heure environ avant la compagnie, et son chef aura reçu préalablement des instructions sur les mouvements qu'il devra faire et les signaux dont on se servira.

27. On se conformera, d'ailleurs, à ce qui a été dit au numéro 2 des exercices pratiques de l'école du soldat.

28. Dès qu'il est sorti du lieu de campement ou de garnison, le capitaine arrête la compagnie, réunit ses cadres, et leur rappelle ce qui a été dit à l'école du soldat au sujet des précautions à prendre par une troupe qui marche vers l'ennemi. Il leur explique ensuite qu'une troupe s'éclaire de plus loin, lorsqu'elle est nombreuse, de manière à être prévenue assez à temps de la présence de l'ennemi pour prendre ses dispositions de combat.

29. Après ces explications, le capitaine désigne une escouade pour former l'avant-garde, une pour former les flanqueurs et quelques hommes seulement pour être placés à l'arrière-garde. Il a soin de choisir ses troupes parmi celles qui ont des cadres instruits.

30. Puis, il prend pour la marche les dispositions suivantes : à 400 ou 500

mètres environ en avant de la compagnie, une escouade d'avant-garde détachant en avant d'elle une pointe comme il a été indiqué à l'école du soldat;
derrière l'avant-garde, l'escouade qui doit fournir les flanqueurs, détachant,
sur chacun des deux côtés de la route, une patrouille de flanqueurs, comme il
a été indiqué à l'école du soldat ; enfin, à 150 ou 250 mètres en arrière du
gros de la compagnie, une arrière-garde, forte de quatre hommes et un
caporal.

31. Ces dispositions prises, le capitaine qui est resté à la compagnie avec
les cadres à instruire donne le signal du départ.

32. Pendant la marche, il fait remarquer à ses cadres l'ensemble des dispositions prises par l'avant-garde et les flanqueurs. Il leur fait observer comment le commandant de l'avant-garde et celui de l'escouade qui fournit les
flanqueurs se tiennent toujours en relations avec la compagnie, soit en faisant
des signaux, soit en envoyant un rapport par un homme intelligent, afin de
signaler tous les accidents qui peuvent intéresser la sécurité du détachement.

33. Sans interrompre la marche, le capitaine s'assure que les sous-officiers
et caporaux comprennent la valeur des signaux, si l'on a jugé à propos d'en
adopter; et, lorsqu'un rapport verbal lui est apporté, il écoute en leur présence,
.et, au besoin le fait répéter, en adressant au porteur quelques questions qui
le forcent à mieux préciser les renseignements qu'il donne.

34. Dès que la compagnie a marché au moins pendant deux kilomètres,
l'instructeur l'arrête, confie le commandement de la compagnie à son lieutenant et se porte, avec ses cadres à instruire, auprès de l'avant-garde. Il leur
montre alors que l'avant-garde a pu ne pas s'arrêter au point où elle était
quand la halte a été commandée, mais qu'elle s'est portée, si elle l'a jugée nécessaire, jusqu'à une position voisine dont l'occupation intéressait la sécurité
du détachement. Il leur fait voir que les hommes de la pointe d'avant-garde
sont devenus les véritables sentinelles d'une grand'garde dont le petit poste
est représenté par l'escouade d'avant-garde.

35. Après ces explications, le capitaine fait reprendre la marche et reste avec
l'avant-garde.

36. Il fait voir à ses cadres que le chef de la pointe se conduit conformément à ce qui a été prescrit à l'école du soldat ; que si le chef de la pointe a
négligé de faire reconnaître un point quelconque, le chef de l'avant-garde
répare cette omission en y envoyant un ou deux hommes de l'avant-garde.

37. Il leur explique que le chef de l'avant-garde et celui de la pointe doivent
empêcher toute personne civile de les dépasser, qu'ils arrêtent et interrogent
brièvement toutes les personnes qui viennent en sens contraire, et que le chef
de l'avant-garde les fait conduire par un homme au commandant de la compagnie.

38. Le capitaine enseigne ensuite à ses cadres ce que doit faire le commandant de l'avant-garde quand l'ennemi lui est signalé.

39. Dans ce but, le détachement qui représente l'ennemi a placé un petit
poste à un endroit convenu d'avance et choisi de telle sorte que la pointe
d'avant-garde le découvre lorsqu'elle arrive à un point favorable, c'est-à-dire
à un coude de route, à un sommet ou à un terrain découvert.

40. Aussitôt qu'elle l'a aperçu, elle le signale au commandant de l'avant-
garde.

41. Le capitaine montre alors à ses cadres que ce dernier continue à s'avancer jusqu'à un point avantageux pour la défense, tout en prenant les précautions nécessaires pour ne pas être aperçu de l'ennemi, et, qu'une fois qu'il a
atteint ce point, il y attend le rapport verbal du chef de la pointe, qu'il com-
munique aussitôt au commandant de la compagnie.

42. Le capitaine ajoute que le commandant de l'avant-garde a dû recevoir des instructions qui lui permettent soit d'agir, soit d'attendre, suivant les renseignements que lui apportera le rapport de la pointe.

43. L'ennemi ayant disparu, l'avant-garde reprendra sa marche dans l'ordre indiqué.

44. Un peu plus loin, l'attention du chef de l'avant-garde est attirée par des coups de feu tirés du côté de la pointe. Le capitaine montre alors à ses cadres que, dans cette circonstance, le commandant de l'avant-garde, sans interrompre la marche de ses hommes, se porte rapidement en avant de sa troupe sans attendre le rapport de la pointe, de manière à reconnaître par ses yeux la force et la position de l'ennemi.

45. Le capitaine ajoute que le commandant de l'avant-garde, aussitôt qu'il saura ce qu'il a devant lui et qu'il aura envoyé son rapport au commandant de la compagnie, se conduira d'après les instructions qu'il aura reçues d'avance ; et que, s'il doit attaquer, il le fera sans perdre de temps.

46. L'ennemi se retire lorsqu'il voit qu'il n'est pas en force.

47. Le capitaine, pourra suivant le terrain, faire intervenir d'autres exemples qui seraient de nature à compléter l'instruction de ses cadres sur cet exercice.

48. Le capitaine conduit ensuite les cadres à instruire près de l'escouade qui fournit les flanqueurs.

49. Après leur avoir montré que les flanqueurs marchent comme il a été indiqué à l'école du soldat, et qu'ils se tiennent à peu près à hauteur, il leur fait voir que le commandant de l'escouade des flanqueurs se maintient toujours en relation avec ces derniers, soit par des signaux, soit par des intermédiaires.

50. Lorsque, par suite d'une course quelconque, les flanqueurs ont été retardés dans leur marche et se trouvent trop loin en arrière pour pouvoir regagner leur place, le capitaine fait remarquer à ses cadres que le commandant de l'escouade envoie de nouvelles patrouilles pour les remplacer.

51. Dans ce cas, les premiers flanqueurs rejoignent la queue de la colonne, et lorsque l'escouade sera ainsi à peu près épuisée, le commandant de la compagnie profitera de la première pause pour la remplacer par une autre.

52. D'après les conventions arrêtées d'avance, le détachement représentant l'ennemi a placé à une assez grande distance, sur l'un des flancs de la route, des sentinelles ou des petits postes que les flanqueurs peuvent découvrir lorsqu'ils arrivent à un point favorable.

53. Cette découverte est portée à la connaissance du commandant de l'escouade par un signal fait par l'un des flanqueurs qui, en même temps, se dispose à venir lui rendre compte, ainsi qu'il est dit à l'école du soldat.

54. Le capitaine montre alors à ses cadres que le commandant de l'escouade, prévenu par le signal, se porte lui-même au devant du flanqueur pour recevoir plus promptement son rapport et ensuite, si c'est nécessaire, voir par ses yeux ce dont il s'agit. Dans ce dernier cas, il envoie le flanqueur répéter son rapport au commandant de la compagnie.

55. Le commandant de l'escouade reconnaît ainsi s'il doit renforcer ou non les flanqueurs et il en rend compte, le plus promptement possible, au commandant de la compagnie.

56. A un autre point, le détachement représentant l'ennemi a disposé des petits postes plus forts et plus rapprochés de la ligne suivie par les flanqueurs. Ces derniers ne peuvent les apercevoir que lorsqu'ils se sont eux-mêmes découverts et des coups de fusils sont échangés.

57. Le capitaine montre alors à ses cadres qu'aussitôt qu'il est prévenu par les coups de feu, le commandant de l'escouade se porte rapidement avec ses hommes pour soutenir les flanqueurs attaqués.

58. Il ajoute qu'il doit s'efforcer de se rendre compte le plus vite possible de l'importance de l'incident, afin de renseigner immédiatement le commandant de la compagnie.

59. L'arrivée de ce renfort ayant suffi pour dégager les flanqueurs et éloigner l'ennemi, le commandant de l'escouade en informe le commandant de la compagnie et retourne à son poste de marche.

60. Le capitaine arrête ensuite la compagnie et montre aux cadres qu'il instruit qu'à ce moment, les patrouilles des flanqueurs ne s'arrêtent pas exactement à l'endroit où elles se trouvent, mais se portent au point d'où elles peuvent le mieux observer le terrain avoisinant.

61. Le capitaine pourra, comme pour l'avant-garde, faire intervenir d'autres exemples qui lui semblent utiles pour perfectionner l'instruction.

62. Il leur montrera aussi, quand le terrain le permettra, qu'une compagnie qui marche sur un terrain entièrement découvert peut se contenter de détacher une avant-garde sans se couvrir par des flanqueurs, attendu que la vue s'étend suffisamment loin pour reconnaître tout le terrain qui borde la route jusqu'à la distance à laquelle les flanqueurs pourraient voir.

63. Après la halte, le capitaine fera marcher la compagnie en retraite afin de démontrer aux cadres, que l'avant-garde, devenue arrière-garde, se tient moins éloignée de la compagnie que pendant la marche en avant, afin de ne pas s'exposer à être enlevée et qu'il en est de même de la pointe à l'égard de l'arrière-garde ; que les flanqueurs jouent le même rôle que précédemment, tout en s'appliquant à rester à hauteur de la compagnie et en se préoccupant principalement de ce qui se passe en arrière ; que l'escouade qui fournit les flanqueurs marchent devant et non pas derrière la compagnie ; et que l'ancienne arrière-garde marche en avant à une plus grande distance de la compagnie.

64. Après avoir fait exécuter complétement cet exercice sous les yeux des cadres à instruire, le capitaine le fait répéter autant que possible sur une autre route, en confiant à ces derniers le commandement des divers détachements destinés à couvrir la marche de la compagnie et en leur donnant, pour l'exécuter, les troupes placées habituellement sous leurs ordres.

65. Pendant la marche ou les haltes, il signale les fautes qu'il remarque et montre à ceux qui les commettent les conséquences fâcheuses qu'elles pourraient avoir pour la sécurité du détachement.

2e EXERCICE

66. Pour exécuter ce deuxième exercice, le capitaine choisit une route qui traverse des terrains impraticables aux flanqueurs, mais à laquelle viendront aboutir des chemins et des sentiers.

67. L'exercice est organisé, comme il a été prescrit aux n°s 26, 27, 28, 29, 30.

68. Avant le départ, le capitaine réunissant ses cadres, leur expose que, vu la nature du terrain traversé par la route, il est impossible de faire marcher des patrouilles sur les flancs de la colonne, mais il ajoute que l'on obvie à cet inconvénient en reconnaissant assez à temps et assez au loin les débouchés par lesquels l'ennemi peut arriver, et qu'ainsi on assure à peu près complétement la sécurité du détachement.

69. Après avoir donné ces premières explications, le capitaine confie le

commandement de la compagnie à son lieutenant, se poste près de l'avant-garde avec ses cadres à instruire et donne le signal de la marche.

70. Pendant la marche, le capitaine après avoir fait remarquer à ses sous-officiers et caporaux, la conduite de la pointe qui fouille tous les endroits suspects, comme il a été prescrit aux n°ˢ 34, 35, 36, etc., appelle leur attention sur la manière dont l'escouade des flanqueurs éclaire la compagnie.

71. Ainsi, il leur fait remarquer comment, à chaque nouveau chemin qui se présente à droite ou à gauche de la route, le chef de cette escouade détache une patrouille de découverte de deux ou trois hommes, et l'envoie en reconnaissance jusqu'à une distance qui ne doit jamais dépasser de beaucoup 500 mètres ; il leur montre comment la patrouille se porte sur un point d'où elle peut voir tout le terrain environnant, y stationne en prenant les précautions nécessaires, et ne se replie pour aller rejoindre l'arrière-garde qu'au moment où elle voit que le détachement est passé.

72. Si deux chemins voisins ne font découvrir que le même terrain, le chef de l'escouade n'envoie une patrouille que sur l'un des deux ; mais, dans tous les cas, il ne néglige aucune des précautions qui sont de nature à assurer la sécurité de la route.

73. Il leur fait voir que, lorsque la pointe d'avant-garde rencontre un village, son chef interroge les paysans, s'il en aperçoit, avant d'y pénétrer, et entre dans les premières maisons pour questionner les habitants ; qu'il prend parmi eux celui qui paraît le plus notable pour se faire conduire rapidement jusqu'à l'extrémité du village ; que, pendant cette traversée, il charge l'homme qui est avec lui de surveiller le guide, et qu'il prescrit à l'autre homme qui vient plus en arrière de regarder avec attention tout ce qui se produit aux portes, aux fenêtres des maisons et sur les rues qui débouchent sur le côté de la route ; qu'arrivé à la sortie du village, il s'arrête pour attendre les patrouilles qui ont dû le contourner, et qu'il empêche toute personne civile de sortir du village, et qu'il reprend la marche en avant aussitôt que possible.

74. Le capitaine montre aussi à ses cadres que le commandant de l'avant-garde ayant atteint l'entrée du village, détache une ou deux patrouilles de découverte de deux hommes, chargées d'en faire le tour et d'aller à l'autre extrémité rejoindre la pointe qui la traverse ; qu'en traversant lui-même le village, il juge s'il doit faire fouiller les constructions ou enclos les plus importants, et ne néglige pas de faire monter un homme ou deux dans le clocher des églises ou sur les bâtiments les plus élevés pour inspecter le terrain avoisinant et venir rendre compte immédiatement de ce qu'ils ont vu ; qu'il place un homme ou deux à la poste aux lettres, s'il en existe une, pour empêcher, jusqu'à l'arrivée de la compagnie, d'enlever les lettres qui s'y trouvent, et qu'il reprend sa marche dès qu'il voit arriver la compagnie.

75. Lorsque le capitaine voit l'escouade des flanqueurs presque épuisée par les patrouilles de découverte qu'elle a dû fournir, et réduite à deux ou trois hommes seulement, il explique à ses cadres qu'il est nécessaire de détacher une nouvelle escouade du gros de la compagnie pour la remplacer. Mais il leur fait comprendre que la nouvelle escouade ne rejoindrait que très difficilement l'avant-garde en accélérant l'allure, et qu'en conséquence il est préférable d'arrêter la colonne pour lui donner le temps de s'y porter.

76. Il ajoute que ce temps d'arrêt servira de repos à la compagnie et donnera aussi aux anciennes patrouilles de découverte qui sont déjà réunies à l'arrière-garde le moyen de rejoindre.

77. Après ces explications données en marchant, le capitaine fait arrêter la colonne, et pendant qu'une nouvelle escouade de flanqueurs se porte derrière

l'arrière-garde, il montre à ses cadres comment, pendant la halte, la sécurité du détachement est assurée par les patrouilles de découverte qui n'ont pas encore rallié l'arrière-garde. Il leur fait voir que celles qui sont en position restent à la place où elles se trouvent ; que celles qui allaient reconnaître un chemin continuent à le suivre jusqu'à ce qu'elles l'aient parcouru, comme il a été indiqué au n° 71 ; enfin, que toutes restent en position jusqu'à ce que la compagnie se remette en marche.

78. Le capitaine ayant ensuite remis la colonne en marche, montre à ses cadres ce qui se passe lorsqu'une des patrouilles rencontre l'ennemi.

79. Dans ce but, le détachement qui représente l'ennemi a placé un petit poste à un endroit convenu d'avance, et choisi de telle sorte, soit que la patrouille se découvre avant d'être vue, soit qu'elle se découvre d'abord elle-même et reçoive des coups de feu.

80. Le capitaine qui a conduit ses cadres sur un point d'où il peut le mieux se rendre compte de la situation fait remarquer ; que, si c'est le premier cas qui se présente, le chef de la patrouille place ses hommes en embuscade pour surveiller l'ennemi, prévient s'il le peut par un signal et se rend lui-même rapidement, soit près de son chef d'escouade, soit au gros de la compagnie si celle-ci est plus rapprochée de lui, afin de lui rendre compte de ce qu'il a vu ; que, si c'est le second cas qui se produit, le commandant de l'escouade des flanqueurs ou le commandant de la compagnie, suivant que l'un ou l'autre se trouve plus rapproché de la patrouille attaquée, lui envoie rapidement le soutien nécessaire.

81. Le capitaine peut ensuite faire intervenir d'autres exemples pour compléter l'instruction de ses cadres.

82. Les principes prescrits dans ce deuxième exercice s'appliquent aussi au cas où la compagnie aurait à traverser des terrains tantôt praticables, tantôt impraticables aux flanqueurs.

83. Le capitaine montre alors à ses cadres que, dans les parties praticables, on envoie directement soit par un chemin, soit à travers champs, des patrouilles occuper les points dominants situés sur les côtés de la route, et que, dans les parties impraticables, on agit comme il a été indiqué dans le cours de ce deuxième exercice.

84. Lorsqu'il en trouvera l'occasion, le capitaine apprendra à ses cadres comment la compagnie doit marcher sur une route qui traverse des bois.

85. Dans ce cas, il leur fera voir comment, si le bois est peu considérable, on le fait contourner par une ou deux patrouilles, tirées de l'avant-garde, et marchant sur la lisière du bois afin de s'assurer qu'il n'est pas occupé. Si le bois est trop grand pour être contourné, il leur montrera comment les flanqueurs placés conformément à ce qui a été prescrit n°s 49 et 50, sont beaucoup plus rapprochés qu'en terrains ordinaires, afin de ne pouvoir se perdre, et comment on détache en même temps sur les sentiers rencontrés par la colonne, de petites patrouilles de découvertes qui agissent comme il a été prescrit n°s 70, 71 et 72.

86. Tous ces exercices, exécutés d'abord sous les yeux des cadres à instruire, sont ensuite répétés en confiant à ces derniers le commandement des divers détachements destinés à éclairer les colonnes.

87. Les cas qui ont été prévus dans la présente instruction pratique, ne répondent pas à toutes les circonstances qui peuvent se manifester à la guerre. En effet, s'il s'agit par exemple d'une surprise ou d'une marche dans un pays très fourré, la composition de l'avant-garde et de sa pointe, la distance qui les sépare de la compagnie, le nombre et l'éloignement des flanqueurs doivent être modifiés suivant le but à atteindre et les moyens d'y parvenir.

88. **Nota.** — Avant de quitter le terrain, le capitaine exposera à ses sous-officiers et caporaux que le rôle des éclaireurs est ordinairement rempli simultanément par l'infanterie qui est disposée comme il vient d'être indiqué, et par la cavalerie qui s'éloigne davantage du détachement, mais il ajoutera qu'en terrain coupé, l'infanterie pouvant seule y marcher, c'est à elle de couvrir complétement les colonnes, et, qu'en tous cas, la cavalerie ne supprime jamais les éclaireurs d'infanterie qui subsistent en même temps.

Il ajoute qu'en campagne un commandant de colonne doit toujours se procurer un bon guide du pays.

INSTRUCTION DES SOUS-OFFICIERS.

Détachements isolés.

89. Dans cet exercice, on apprend aux sous-officiers à commander et à diriger des détachements isolés, chargés de missions spéciales et définies, telles que reconnaissances des avant-postes ennemis, des petits bois, des villages, observation de débouchés ou défilés, etc.

90. Pour donner cette instruction, le capitaine reconnaît d'avance les terrains dont les dispositions lui permettent d'appliquer différents exemples et de passer en revue la plupart des cas particuliers qui se présentent à la guerre.

Il procède ensuite comme il est indiqué dans les exemples ci-après:

Reconnaissance des avant-postes ennemis.

91. Le capitaine gardant avec lui les cadres à instruire, ainsi qu'une escouade ou deux (3 à 20 hommes) commandés par un sous-officier, donne le commandement du reste de la compagnie à son lieutenant, et lui prescrit d'aller se placer en grand'garde à une distance de cinq à six kilomètres, dans une direction convenue. Il lui recommande de maintenir une certaine activité dans les avant-postes, sans cependant envoyer pour cette première fois des patrouilles extérieures.

92. Dès que ce détachement est parti, il emploie le temps dont il dispose à faire reconnaître par le détachement qui reste avec lui, soit une ferme, soit un groupe de maisons, soit même un village, ou à fouiller un ravin, un parc, un petit bois, s'il s'en trouve dans le voisinage, ainsi qu'il est dit plus loin n°s 113 et 114 ; il suit la reconnaissance avec les cadres à instruire, afin de leur faire remarquer comment le sous-officier opère ; il leur explique le pourquoi de toutes choses ou bien il les interroge et leur fait trouver à eux-mêmes la raison de chaque manière de procéder.

93. Après avoir consacré une heure et demie environ à cet exercice, il donne en présence des cadres à instruire l'ordre au chef de détachement d'aller reconnaître les avant-postes ennemis, dont il donne approximativement l'emplacement, et de venir ensuite faire son rapport en un point qu'il lui indique.

94. Le capitaine suit, avec les cadres à instruire, cette opération, afin de leur faire voir comment elle s'exécute.

95. Il leur rappelle qu'une petite troupe en marche peut pourvoir à sa sécurité de deux manières, ou en s'éclairant comme il a été indiqué à l'école du soldat, ou en se dérobant comme il a été expliqué à cette même école ; que dans le cas présent la patrouille a le plus grand intérêt à ne pas se faire voir trop tôt de l'ennemi et à faire son opération promptement ; qu'il convient alors qu'elle s'efforce de dérober sa marche sans cependant la ralentir ; qu'elle doit chercher à obtenir des résultats, même avant celui de sa propre sécurité, qu'ainsi elle ne doit pas trop multiplier ses éclaireurs ni les pousser trop loin, ni faire pour se dérober de trop longs détours.

96. Il leur montre alors que la patrouille suit de préférence les sentiers et chemins couverts et peu fréquentés ; que lorsque ces chemins sont découverts, elle les côtoie en se dérobant le mieux possible. Il leur fait voir que la patrouille s'éclaire le plus souvent en envoyant un homme qui se porte en avant avec les plus grandes précautions pour ne pas être vu, sur un point dominant voisin de la route, afin de fouiller du regard le terrain qu'il s'agit de traverser. Le capitaine leur fait remarquer que plus on approche du lieu où doit se trouver l'ennemi, plus la marche de la patrouille est dérobée, et que son chef prend toutes les mesures pour découvrir l'ennemi sans être vu de lui.

97. Qu'Il s'avance seul près des éclaireurs pour les reconnaître ; qu'il prend promptement une décision, revient près de sa troupe, lui indique en arrière un point où elle doit se réunir après l'opération, et attaque vigoureusement en poussant activement les sentinelles ennemies ; qu'il engage le combat avec les petits postes en les poussant activement devant lui, s'il a le succès.

98. Il fait remarquer que le chef de la patrouille s'est reporté sur un point avantageux, d'où il peut observer et constater la situation de l'ennemi, ses forces et les dispositions qu'il prendra. En effet, le but de l'opération est de forcer l'ennemi à se démasquer et à se laisser reconnaître ; il montre ensuite que le chef de la patrouille, tout en cherchant à pousser son attaque de manière à voir même ce qui existe derrière la grand'garde, ne laisse cependant pas ses hommes s'engager assez pour se compromettre trop gravement. Il explique qu'aussitôt qu'il a bien reconnu l'ennemi ou qu'il voit prendre des dispositions inquiétantes pour la sûreté de sa retraite, le chef de patrouille donne le signal du retour. Cette retraite s'exécute très rapidement pendant un temps suffisant pour que l'ennemi ne puisse prendre des mesures pour une poursuite trop vive. Les hommes, en se retirant, se couvrent le plus possible et ils vont rejoindre leur chef au point qu'il leur a indiqué, à mille ou quinze cents mètres de l'ennemi.

99. La retraite se continue ensuite sous le commandement du chef de patrouille, plus ou moins rapidement, suivant les circonstances, ou par le chemin le plus sûr.

100. La patrouille rentre au point indiqué et son chef va immédiatement faire son rapport au capitaine, en présence des cadres à instruire.

101. Il peut faire recommencer cet exercice soit sur le même terrain, soit dans des conditions différentes, en faisant commander la reconnaissance par un sous-officier à instruire, mais il met à côté de ce dernier un officier pour le surveiller et le reprendre, s'il commet des fautes. Il ne néglige pas non plus de profiter des exercices que font les recrues lorsqu'ils apprennent le service en campagne, pour donner à ses cadres non suffisamment instruits des commandements de patrouilles, de reconnaissances, afin de compléter ainsi leur instruction. Il les fait surveiller par un officier, comme il est indiqué ci-dessus.

Rencontre de patrouilles ennemies pendant la reconnaissance.

102. Dans les séances suivantes, destinées à compléter cette instruction, le capitaine fera envoyer, par la section représentant l'ennemi, des patrouilles de découvertes en même temps que la reconnaissance s'opère, comme il est dit dans le paragraphe précédent.

103. Ces patrouilles de découvertes peuvent être dirigées par la section qui détache la reconnaissance, ou bien elles peuvent marcher parallèlement des avant-postes ennemis, ou bien encore elles peuvent avoir parcouru d'avance le terrain surveillé et, leur mission terminée, rentrer à la grand'garde ennemie. La reconnaissance les rencontrera donc soit en venant en sens contraire, soit marchant dans un sens perpendiculaire, soit suivant la même direction qu'elle.

104. Dans tous les cas, on supposera que la reconnaissance les aperçoit sans être vue par elle, car, si elle se laissait voir, l'opération deviendrait très délicate et très difficile, et, pour atteindre le but, il faudrait changer de direction et user de ruse inspirée par les circonstances.

105. Si la découverte ennemie se dirige vers le parti auquel appartient la reconnaissance, le chef de cette dernière donne aussitôt l'éveil aux avant-postes, afin d'éviter des surprises. Il leur renvoie dans ce but un ou plutôt deux hommes intelligents. Le capitaine fait voir alors aux cadres qu'il instruit que le détachement se maintenant sur le flanc de la découverte ennemie, rebrousse chemin pour l'accompagner sans se laisser voir par elle ; combine son action avec celle des avant-postes et, s'il le peut, pour couper la retraite à l'ennemi.

106. Si la découverte ennemie marche parallèlement à ses propres avant-postes, le chef de la reconnaissance la laisse, sans éveiller son attention, et suspend sa marche jusqu'à ce qu'il ait acquis l'assurance que la découverte s'est assez éloignée pour ne pouvoir troubler son opération et, plus tard, inquiéter sa retraite ; au moment où il reprend sa marche, il charge spécialement deux hommes de surveiller la direction dans laquelle la découverte s'est éloignée.

107. Si la découverte ennemie se dirige vers ses propres avant-postes pour rentrer, le chef de la reconnaissance s'applique à ne pas se laisser voir par elle, à la suivre et à l'observer. Le capitaine montre à ses cadres que le chef de la reconnaissance fait prendre à ses hommes une direction parallèle à celle que suit la découverte ennemie, afin de la coudoyer, et, qu'arrivé à une certaine distance des avant-postes ennemis, il s'arrête et se tient immobile afin d'attendre que la découverte, rentrée dans ses lignes, ait le temps nécessaire pour annoncer à la grand'garde ennemie qu'elle n'a rien à signaler.

108. Ce temps écoulé, c'est-à-dire au bout d'une demi-heure environ, le chef de patrouille attaque brusquement les avant-postes ennemis, qu'il a ainsi toutes chances de surprendre, et accomplit sa mission comme il a été dit au paragraphe présent.

109. A cette occasion, le capitaine explique aux cadres qu'il instruit que les chances de surprendre l'ennemi étant plus grandes, puisqu'il vient d'être rassuré par le retour de la découverte, la reconnaissance pourra prononcer son attaque, encore plus résolument que dans le premier exemple, et qu'il sera peut-être possible de culbuter la grand'garde elle-même pour s'avancer un peu plus loin et mieux voir ce qui se trouve derrière elle avant de se retirer.

110. Chacun de ces cas différents pourra être l'objet d'un exercice particulier, que le capitaine ordonne et règle comme il est prescrit au paragraphe premier.

Occupation d'un poste isolé.

111. En procédant toujours de la même manière, c'est-à-dire en accompagnant avec les cadres à instruire le détachement commandé par un sous-officier instruit ou, au besoin, par un officier, le capitaine fera intervenir tous les cas propres à développer l'instruction.

Il organisera et rédigera lui-même les détails de chaque exercice, et, dans chaque exemple, il exposera les règles, les dispositions et les précautions qui sont indiquées dans les ouvrages militaires spéciaux. Les exemples à choisir sont trop nombreux et trop variés pour qu'il soit possible d'entrer ici dans tous les détails et d'en donner autre chose qu'une énumération sommaire.

112. Ainsi, le capitaine donnera au détachement la mission d'aller occuper un poste isolé au-delà des avant-postes et de s'y garder.

113. Il pourra aussi supposer que ce poste isolé se trouve dans les flancs d'une ligne de bataille ou de défense occupée soit par la compagnie, soit par un bataillon.

114. D'après ses ordres, et au moment qu'il indiquera, la section représentant l'ennemi dirigera sur ce poste soit une faible reconnaissance, soit des forces suffisantes pour le rendre intenable.

115. Dans l'un ou l'autre cas, il montrera à ses cadres comment se comporte le chef de poste.

Reconnaissance d'un bois, d'un village, etc.

116. Le capitaine chargera aussi le chef de la patrouille de fouiller et de reconnaître soit un bois d'une médiocre étendue, soit une ferme isolée, un parc ou enclos, soit un groupe de maisons, soit un ravin.

117. Un sous-officier commandant un faible détachement pourra même recevoir la mission de reconnaître un village, car si l'ennemi s'y trouvait en force, plusieurs indices lui feraient reconnaître sa présence, longtemps avant d'y pénétrer, et l'empêcherait de trop se compromettre. Ainsi, lorsqu'aucun paysan ne se montre, ni sur la route, ni aux abords du village, et que cette solitude se prolonge un certain temps, le chef de la reconnaissance pourra présumer que l'ennemi est présent et a prohibé la sortie des habitants dans la crainte des renseignements qu'ils pourraient fournir à ses adversaires, et agira donc avec la plus grande précaution.

Garde et surveillance des postes et des défilés.

118. Enfin le capitaine pourra donner au détachement la mission de garder ou simplement de surveiller le passage d'un défilé ou d'un pont, suivant les accidents du terrain dont il dispose ; il choisira des exemples différents, car les dispositions à prendre varient non seulement avec le but à remplir mais aussi avec la nature du défilé. Il y a tel point, tel défilé couvert et étroit, dont les abords sont difficiles, à cause de la nature boisée et accidentée du terrain, et qui peuvent être gardés avec un faible détachement.

119. Un détachement commandé par un sous-officier peut aussi surveiller

le passage des ponts et des grands défilés qu'il n'est pas, du reste, chargé de défendre.

120. D'un point dominant, il peut observer un ou plusieurs ponts jetés sur une portion de rivière. Il peut aussi surveiller un défilé, à condition de ne pas se placer à son entrée, mais à sa sortie ; de ne pas se mettre dans l'axe du défilé, où il serait aperçu de loin par l'ennemi, mais bien sur les côtés, un peu plus loin dans la plaine.

121. Le capitaine s'appliquera à montrer aux cadres que dans ces différents cas, l'emplacement à choisir pour surveiller doit être déterminé par les conditions suivantes : Voir l'ennemi sans se laisser voir par lui, assez à temps pour pouvoir signaler son approche le plus promptement et le plus facilement possible.

TABLE DES MATIÈRES.

———

	PAGES.
Résumé du contenu des divers cahiers.	3
1. Avant-postes. Service de jour.	10
2. Avant-postes. Service de nuit	13
3. Règlement sur le service de sûreté pendant la marche.	20
4. Exercices de préparation au combat.	29
5. Marche sous les yeux de l'ennemi.	32
6. Ecole de compagnie.	37
7. Instruction des sous-officiers. Détachements isolés ..	45

ROCHEFORT. — IMP. CH. THÈZE.